SCHOTTLAND

terra magica

Fotos: Christian Prager
Text: Eckart Diezemann
Gestaltung Umschlag: Wolfgang Heinzel
Lektorat: Monika Goldschmidt

Printed in EU
ISBN 3-7243-0366-1

Bild rechts
Innere Hebriden, Insel Mull: Spiegelung an der Küste bei Craignure

Vorsatz vorne
Thornyhive Bay bei Stonehaven

Frontispiz
Respekt heischendes Dunrobin Castle: wir da unten, ihr dort oben

nach Seite 200
Insel Mull, Bucht von Tobermory

Vorsatz hinten
Argyll Forest Park

terra magica

CHRISTIAN PRAGER · ECKART DIEZEMANN

SCHOTTLAND

Mit Hebriden, Orkney- und Shetlandinseln

terra magica
SPEKTRUM

Textinhalt

Bild rechts

Willkommen in Schottland heißt Sie diese Tänzerin!

«Eine der schönsten Reisen in meinem Leben»

Was Schottland in erster Linie zu bieten hat, ist das Erlebnis seiner unglaublich reizvollen und abwechslungsreichen Landschaft – zwei Drittel sind Berg- und Hügelland. Die unberührte Natur mit ihren wechselnden Wolkenszenarien, einmalige Gebirgskulissen, grandiose Küstenstriche und pittoreske Seen, die man hier Lochs nennt, können einem im Morgennebel oder bei Sonnenuntergang den Atem verschlagen. «Eine der schönsten Reisen in meinem Leben, jedenfalls die poetischste, poetischer als die Schweiz, Frankreich, Italien und alles, was ich später sah». Der märkische Journalist und Schriftsteller Theodor Fontane («Effi Briest») jubilierte geradezu, als er im Sommer 1858 mit seinem Jugendfreund Bernhard von Lepel den Norden Großbritanniens bereiste und dann seine Eindrücke im «Cottaschen Morgenblatt für gebildete Leser» veröffentlichte.

Keiner aber hat seine Eindrücke so begeistert und treffend wiedergegeben wie die deutsche Schriftstellerin Johanna Schopenhauer, die Mutter des Philosophen, die ein halbes Jahrhundert vor Fontane Schottland bereiste. «Wir befanden uns jetzt in einer wahrhaft paradiesischen Gegend», schrieb sie. «Vor uns lag das schöne große Schloss Inverary, der Sitz des Herzogs von Argyll, mitten in einem durch herrliche Bäume und Büsche verschönten fruchtbaren Tale. Lustpfade schlängeln sich nach verschiedenen Richtungen hindurch, alle lockend und lieblich. Im Hintergrunde erheben schöne waldbewachsene Felsen das stolze Haupt, seitwärts dem Schlosse winkt der eigentliche Garten voll blühender Rosenbüsche; die zahmen Rehe schleichen neugierig um das leichte Geländer, das ihn umgibt; auf der anderen Seite erhebt sich ein schroffer Fels von wunderbar drohender Gestalt. Seine Spitze krönt ein Pavillon, zu welchem man ohne sehr große Beschwerden auf bequemen Pfaden steigt und dort eine Aussicht von unendlicher Schönheit genießt, die alles vereint, was die Natur Erhabenes und Freundliches darbietet. Kornfelder, Wiesen, Gebüsch füllen in der reizendsten Mannigfaltigkeit das übrige Tal.»

So rufen traumhafte Schlösser, Burgen und Ruinen auch die Geschichte wach und erinnern an die einst so gefürchteten und zähen Krieger des Landes. Schon die alten Römer mussten ihren Traum von weiterer Expansion im Norden Europas in den Highlands begraben. Noch 1631, während des Dreißigjährigen Krieges, warnte ein Flugblatt in Stettin, dass mit den Hochländern, von denen 2000 Mann in der Armee Gustav Adolfs von Schweden mitmarschierten, nicht gut Kirschen essen sei, als diese vor den Toren der Stadt standen: «Es ist ein Starckes dauerhafftiges Volck behilft sich mit geringer Speiß hatt es nicht brodt so Essen sie Wurtzeln. Wans auch die Notdurfft erfordert können sie des Tages uber die 20 Teutzscher meilweges lauffen, haben neben Musqueden Ihre Bogen und Köcher und lange Messer.»

Die so unterschiedlichen Städte im Norden Großbritanniens machen einen vertraut mit der Entwicklung und der Kultur eines Volksstammes, der im europäischen Raum einen ausgefallenen Rang innehat. Klischeehafte Vorstellungen stellen sich ein, wenn man an «die Schotten» denkt. Doch wegen ihres eigenwilligen Charakters und ihrer oft skurrilen Bräuche nehmen sie eine Sonderstellung unter den Völkern unseres Kontinents ein. «Wir sind ein besonderes Volk», liest man bei dem schottischen Romanschriftsteller John Buchan, «sehr anders als unsere Nachbarn, und ich glaube nicht, dass uns irgendetwas je gleichmachen könnte.» Wer die Grenze von England nach Norden hin überschreitet, wird schnell feststellen, dass, wie der englische Filmschauspieler, Regisseur und Produzent Sir David Attenborough schreibt, Schottland «ein *anderes* Land» ist. Was folgen soll, sind Bilder eines Landes mit seiner unverwechselbaren Natur, seinen so unvergleichlichen Bewohnern und – eine Spurensuche.

Gewiss kann man die Schotten nicht über einen Kamm scheren. Da gab es immer schon den Gegensatz zwischen Bewohnern des südlichen Schottlands, die – bereits geographisch – eher England zugeneigt waren, zumal sie, anders als der Norden, geschichtsbedingt der Anglisierung mehr

Grüne Idylle für Mensch und Tier im Argyl Forest Park

ausgesetzt waren. Die Bevölkerung der Highlands hingegen hatte immer versucht, sich gegen den mächtigen Rivalen England abzugrenzen und Frankreich zu favorisieren, am liebsten aber: unter sich zu bleiben.

Schon 1380 unterschied der aus den Lowlands stammende Chronist John of Fordun: «Die Menschen an der Küste haben eine häusliche und zivilisierte Lebensweise, sie sind zuverlässig, geduldig und höflich, unauffällig in ihrem Auftreten, leutselig und friedvoll ... Die Highlander und die Inselbewohner hingegen sind ein wildes, ungebändigtes Volk, rau und unabhängig, unbekümmert, von gelehrigem und warmem Wesen, von schöner Gestalt, jedoch unansehnlich in ihrer Kleidung, feindselig gegenüber dem englischen Volk und dessen Sprache ...»

So gilt auch heute noch mehr im Norden als im Süden, dass es fast einer Beleidigung gleichkommt, wenn dort ein Schotte als Engländer bezeichnet wird, zumal sich ja noch nicht einmal alle Schotten überhaupt als Briten betrachten.

Was im Großen gilt, gilt auch im Kleinen. So bestehen beispielsweise alte Animositäten zwischen den Bewohnern der einstigen Fischerstädte Aberdeen und Dundee genauso wie die zwischen den Einwohnern von Edinburgh und den nur 60 Kilometer entfernt wohnenden *Glaswegians*. Im über anderthalbmal größeren Glasgow heißt es, dass das Beste an Edinburgh der Zug nach Glasgow sei. Umgekehrt behaupten das natürlich auch die Einwohner von Edinburgh. Sehen Letztere in den Glasgowern ungeniert lautstarke, rauflustige und versoffene Proleten, so halten diese die Hauptstädter für arrogante Angeber mit näselndem Tonfall: «Edd'nborrou»...!

Hinzu kommt, dass im Süden die mit gälischen Einflüssen durchsetzte Sprache des Nordens nicht gut verstanden wird. Klagte schon der englische Schriftsteller Daniel Defoe («Robinson Crusoe») ums Jahr 1700 bei Inverness: «Wir konnten hier nichts von dem verstehen, was die Leute sagten, jedenfalls nicht mehr, als wenn wir in Marokko gewesen wären.» Letztlich jedoch sprechen alle Englisch und trinken – verbindendes Element! – Scotch. Und der tut, meinen die Schotten, gut, vor allem bei miesem Wetter (also fast immer).

Leuchtturm auf der Insel Lishmore im Loch Linnhe

Das Wetter «kommt über ein Herbstgefühl nicht hinaus»

Die Vorhersage der Meteorologen lautet in der Regel: kalt und regnerisch. Doch gibt es auch schöne Tage. Die Sonne scheint am meisten im Mai und auch noch im Juni, weshalb diesen Monaten für eine Reise der Vorzug gegeben werden sollte, zumal die Tage dann auch schon länger und abends viel heller als im Süden sind. Meistens sind die Sommer kühl, während sich die Winter eher milde ausnehmen. Den wenigsten Sonnenschein gibt es im Juli und im August – gerade in der Ferien- und Urlaubszeit! «Die Landschaft ist sehr schön, aber das Wetter war ganz schrecklich», notierte Königin Viktoria in den Highlands am 21. August 1847 in ihr Tagebuch. «Innerhalb einer Woche», heißt es an anderer Stelle, «kann es bei uns wie in der Arktis – oder wie in der Ägäis sein.»

Auch der schottische Erzähler Robert Louis Stevenson teilt uns seine Erfahrungen mit dem Wetter mit: «Bisher hatten wir, obwohl wir den Kotten erst am 7. Juni bezogen hatten, nichts als kalten Regen und alles durchdringenden Wind; und mit aller Unschuld (es war mein erster längerer Aufenthalt in dieser herrlich rauen Region) fragte ich, wann es denn Frühling werde.»

«Ach was, Frühling», sagte meine Schwiegermutter, «wir *haben* Frühling.» – «Und der Sommer», fragte ich besorgt, «wann wird der da sein?» – «Ja», erwiderte meine Schwiegermutter unschlüssig, «da müssen wir erst bis zum 15. Juli warten; alles hängt davon ab, welches Wetter wir dann haben werden.» Der 15. Juli kam und ging dahin, begleitet von heftigen Regenstürmen. «Ich fürchte», gestand meine Schwiegermutter, «der Sommer ist vorüber, und mit dem schönen Wetter ist es aus.» So war es dann auch. Zwischen zwei Regenschauern wanderten wir beide über das Moor und den Bach entlang, doch nie ohne Schirm; meist waren wir bei der Rückkehr völlig durchnässt.

So einen richtigen Sommer gibt es hier kaum. Theodor Fontane schilderte es einmal so: «Ein romantischer Zauber liegt über dieser Landschaft, ein Zauber, gegen den sich auch der nicht verschließen kann, der keine Ahnung davon hat, dass jemals ein König Duncan lebte und ein Feldherr Macbeth, der ihn ermordete. Ein Ton stiller, rührender Klage durchdringt das Ganze, wie das Gefühl eines scheidenden Frühlings, eines kurzen Glücks. Fruchtbare Täler, in denen das Korn reift, dehnen sich in gelben Streifen nach Ost und West hin; aber die Fülle, der Segen ist nur ein Gast hier, ängstlich, schüchtern, immer bereit, den eingebrochenen Gewalten das Feld zu räumen, dem Sturm und der Öde ... Die Natur nördlicher Gegenden kommt über ein Herbstgefühl nicht hinaus.» In Schottland, so wusste auch schon Tacitus, ist «der Himmel durch häufigen Regen und Nebel verdunkelt».

Und dann dieser Wind – immer dieser Wind! Wenigstens vertreibt er oft die dichten Seenebel, die sich meist gerade an sonnigen Tagen bilden und einem die Sicht nehmen. Schottland, meinte H. V. Morton, der englische Reiseschriftsteller der Zwanzigerjahre (20. Jahrhundert), gäbe es zweimal – einmal bei Sonnenschein und einmal bei Regen.

Große und karierte «Waldteufel»

In der Antike charakterisierte Diodor, der sizilianische Geschichtsschreiber griechischer Abkunft, die Bewohner des nördlichen Gebietes Britanniens in seiner «Historischen Bibliothek» – eine Weltgeschichte in 40 Büchern – als hoch gewachsene Menschen «mit spielenden Muskeln unter weißer Haut. Ihr Haar ist blond, aber nicht von Natur, sie bleichen es auch auf künstliche Weise, waschen es in Gipswasser und kämmen es von der Stirn zurück nach oben. So sehen sie schon deshalb Waldteufeln gleich, weil ihre spezielle Wäsche das Haar auch noch dick und schwer wie Pferdemähnen macht ... Gekleidet sind sie, das ist verblüffend, in grell gefärbte und bestickte Hemden. Dazu tragen sie Hosen, die sie *bracae* nennen, und Mäntel, welche auf der Schulter von einer Brosche festgehalten werden, schwere im Winter, leichte im Sommer. Diese Umhänge sind gestreift oder kariert, wobei die einzelnen Felder dicht beieinander stehen und verschiedene Farben aufweisen.»

Bekannt ist, dass der gestreift-karierte Stoff, Tartan genannt, nachweislich auch weiter im 13. Jahrhundert getragen worden ist. Schon zu der Zeit hatten die Clans ihre jeweils eigenen Muster und Farben.

Im Gälischen bedeutet *clann* «Kinder» und damit dann auch Nachfahren und Familienverband. Er entwickelte sich zu einer Schutz- und Trutzgemeinschaft, die unter sich wie Pech und Schwefel zusammenhielt, in ihrer Ruchlosigkeit gegenüber anderen Clans aber oft nicht zu übertreffen war, so dass schon von einer Art «keltischer Cosa Nostra» die Rede war. Da eine zentrale Macht fehlte, fiel den Führungspersönlichkeiten der Sippen, den Chiefs der Clans, die Aufgabe des Übervaters, des Richters und des Kriegsführers zu. Und mit einer bestimmten Form der Kleidung hob sich ein Clan nun mal vom anderen Clan oder von einem anderen Gebiet (*territorial tartan*) ab. Im 16. Jahrhundert erhielt der über die Schulter geworfene Wollmantel (*plaid*) unterhalb des Gürtels Falten. Aus dem Mantel entwickelte sich ein langer Rock. Als dann der untere Teil abgetrennt wurde, um Arbeitern mehr Beinfreiheit einzuräumen, entstand der Kilt in seiner heutigen Version.

Zu Ansehen kam der Kilt durch die Schottland verherrlichenden Romane von Walter Scott, Bestsellerautor seiner Zeit, auch auf dem «Kontinent». Dort wurde er bald zum Symbol der kulturellen Eigenart der Schotten. Zudem geschah etwas völlig Unerwartetes. War der Tartan der schottischen Highlander für die Engländer ein rotes Tuch gewesen und sein Tragen nach der Schlacht von Culloden (1746) für einige Jahrzehnte unter Androhung von sieben Jahren Verbannung verboten, kam der englische König Georg IV. 1822 doch tatsächlich im Kilt zu Besuch nach Edinburgh! Des Königs neue Kleider (nackt wenigstens die Knie ...) kamen nun richtig in Mode – nicht nur bei den *Happy Few*. Jetzt legten sich auch Familien, die noch nie über einen *Highland Dress* verfügt hatten, den Männerrock mit Schottenkaro nach eigenem Design zu. Hinzu kamen der schwarze Dolch im rechten Kniestrumpf, die Dachsfelltasche für die Jagd am Gürtel und die mit einer Silberbrosche besetzte Mütze – Embleme der *Clansmen*.

Ach ja, da war doch noch die Frage, die jeder stellt. Die Antwort ist die: Der richtige Schotte trägt nichts darunter.

Die Schotten wären noch nicht ausreichend charakterisiert, würde man nicht auf ein Symbol eingehen, das mit das typischste für sie ist: die *bagpipe*, der Dudelsack. Seine Herkunft liegt ziemlich im Dunkeln. Während die einen meinen, es habe ihn schon im 3. Jahrtausend v. Chr. in Babylonien gegeben, führen die anderen die Erfindung des Instruments auf die Armee des Römischen Reiches zurück, die es bei ihrer Invasion unter Cäsar nach England gebracht habe, von wo aus es dann den Norden der Insel erreichte. Erste bildliche Darstellungen finden sich in Handschriften des 10. Jahrhunderts. Damals spielten Bauern und Hirten auf der Sackpfeife aus Ziegen- oder Schafsfell, später, im ausgehenden Mittelalter, die Bettler.

Bild rechts
Nicht nur Männer tragen kariert

PUMA

Einst Armeleutegericht, heute Silvesterschmaus – die Küche

Von der englischen Küche hieß es immer, dass ihr Kochbuch nur ein Rezept kenne: «Open the tin!» – «Mach die Dose auf!» Das hat sich – *thank God!* – inzwischen auch geändert, und Pariser Gourmets, heißt es, reisen mittlerweile gelegentlich zum Essen nach London. In Schottland dagegen war die Speisekarte immer schon abwechslungsreicher und geschmackvoller gestaltet als in England, was vielleicht mit der jahrhundertelangen freundschaftlichen Verbindung Schottlands mit Frankreich zu tun hat.

Zum klassischen Frühstück gehört mit Salz gewürztes *Porridge*, eine schottische Erfindung. Das Nationalgericht schlechthin ist *Haggis* (vom französischen *hachis*), früher ein Armeleutegericht, heute die – wenig appetitlich aussehende – traditionelle Speise am Silvesterabend und am 25. Januar, dem Robert Burns' Day. Dabei wird ein zu einer dicklichen Wurst geformter Schafsmagen mit Haferschrot, Wild- oder Lammleber und zerriebenem Hammelteig sowie Zwiebeln gefüllt und gut vier Stunden gekocht. Die englische Satirezeitschrift «Punch» lästerte über das Gericht: «Haggis bereiten die Schotten aus Innereien, die bei anderen Nationen außer bei den Barbaren weggeworfen werden. Als ihnen klar wurde, dass sie ihr wertvolles Fleisch für gut Geld an die Engländer verkaufen konnten, zwangen sie sich dazu, den Abfall selbst zu verzehren. Und so machten sie aus einem wirtschaftlichen Erfordernis eine nationale Delikatesse.»

Auf die anspruchsvollere Tafel kommt das schottische Moorhuhn (*Grouse*), das im Hochland gern mit Preisel- oder wilden Himbeeren gefüllt wird. Zu den einfacheren Mahlzeiten zählen gedämpfte Kartoffeln (*Stovies*) mit Schinkenspeck, geräucherter und gesalzener Hering (*Kipper* und *Herring*) mit Rührei und Kartoffeln sowie *Mince and Tatties* (Hackfleisch mit Kartoffeln). Als Suppen kommen *Cock-a-Leekie* in Betracht, in der neben Gemüse (vor allem Lauch) ein Huhn gekocht wird, und *Scotch Broth*, eine Gemüsesuppe mit Halsfleisch vom Hammel als Einlage. Wohlschmeckend ist *Kilmeny Kail* (Kaninchen mit Grünkohl) in der Region Fife und *Kail and Knockit corn* (Grünkohl mit Hafergrütze) auf den Shetlandinseln.

Schottisches Schwarzkopfschaf

Eine Backspezialität ist das süße *Shortbread*, das zu Tee (oder Whisky) gereicht wird. Eher an Feiertagen ist der *Dundee Cake* an der Reihe, ein mit Rum und Brandy abgeschmeckter Früchtekuchen. Wer als Reisender seinen Geldbeutel schonen, aber satt werden möchte, gehe in die Lokale, die mit *High Tea* werben; hier kann man in der Zeit zwischen *five o'clock* und Abendessen unter zwar wenigen, aber schmackhaften und preiswerten Gerichten wählen.

Als Leckerbissen besonderer Art gilt natürlich, was man selbst gefangen hat: Lachs und Forelle. Großer Beliebtheit erfreut sich auch der Genuss von Rotwild. Seit drei Jahrzehnten zieht man in der Region Fife Rehe und Hirsche als Schlachtvieh auf. Das hat den Vorteil, dass die Tiere gesündere Junge zur Welt bringen als in freier Wildbahn, weniger krankheitsanfällig sind und rund zwei Jahre früher als üblich ihr Höchstgewicht erreichen. Das Sicherheitsgefühl der Tiere und die ausreichende Fütterung im Winter schlagen sich positiv auf die Fleischqualität nieder. Die «Schlachtung» erfolgt jagdtypisch: Haben die Tiere ein Gewicht von 90 Kilogramm erreicht, werden sie beim Grasen erschossen.

Whisky – «Wasser des Lebens»

Die Schotten sind in vieler Beziehung eigenartige Menschen», schreibt A. J. Cronin. «Jahrhundertelang kämpften sie gegen ihre nächsten Nachbarn, die Engländer, und immer noch sind sie ihnen gegenüber ein bisschen feindlich eingestellt – wenigstens hegen sie die Erinnerung an Bruce und Bannockburn als ihr stolzestes Erbe. Als Bewohner eines kleinen, verarmten Landes, auf dem sich kahle Berge erheben und das felsige Küsten säumen, sind sie bekanntlich unbeugsam, genügsam, sparsam, entschlossen und ihrem eigenen *Usquebaugh* ergeben – einem gälischen Wort, das die Angelsachsen schnöderweise in ‹Whisky› verdreht haben.» Viel haben die von jeher sprachfaulen Engländer den Schotten im Laufe der letzten tausend Jahre nicht gelassen, noch nicht einmal den «Usque...».

Dass die Schotten davon Unmengen zu sich nehmen, hängt wahrscheinlich damit zusammen, dass der Name im Gälischen «Lebenswasser» bedeutet und das Getränk damit als eine Art Medizin zur Erhaltung und Verlängerung der Existenz betrachtet wird. Unter den Schotten ist wiederum ein Unterschied zwischen den Low- und den Highlandern zu machen, denn Letztere sprechen dem Whisky in besonderem Maße zu, egal, ob unverschnitten (*straight*), verschnitten (*blended*) oder aus Gerstenmaische (*malt*). Im 18. Jahrhundert muss der Konsum im Hochland abenteuerlich gewesen sein – man trank den Alkohol wie Wasser, und zwar Arbeiter wie Adlige. Statistisch erwiesen ist, dass sich die Schotten insgesamt immer noch erheblich mehr Whisky einflößen als der Rest der Briten. Doch auch diese scheinen oder schienen in manchen Lebenslagen gar kein anderes Getränk bei sich zu haben. Lassen wir unseren Britannien-Experten Theodor Fontane zu Wort kommen:

«... alljährlich um die Sommerzeit begeben sich Hunderte, vielleicht Tausende von Engländern ins schottische Hochland, um daselbst 14 Tage oder vier Wochen lang eine Art Angelkampagne durchzumachen. Bei vielen ist es die bloße Passion, bei andern kommt Erwerb und Gewinnsucht mit ins Spiel. Der Fisch, um dessen Fang es sich dabei handelt, ist beinahe ausschließlich die Forelle, die, soviel ich weiß, in verschiedenen Arten, als Bach-, als See- und Lachsforelle, sich in den Bergwässern Schottlands findet. Die Mehrzahl der Jäger begibt sich an den schönen Loch Lomond, der am südlichsten gelegen ist und nebenher allerhand Komfort bietet. Die eigentlichen *Fishing-Gentlemen* aber verschmähen den Loch Lomond, wie ein Gamsjäger eine Hasenjagd verschmäht, und begeben sich über den Kamm der Grampians und den Kaledonischen Kanal hinaus bis hinauf zu dem stillen, tiefschwarzen See von Rosshire und Inverness, um dort im Norden des Landes ihre Angelschnüre auszuwerfen.» Und was hatten sie in ihrem Reisesack? «Ein Stück Haferbrot», berichtete Fontane, «gedörrtes Fleisch und eine Flasche mit Whisky.» War der Fang verscherbelt, konnte man sich wieder ein Fläschchen leisten.

Dass man Meerwasser durch einen Destillationsprozess genießbar machen konnte, hatte schon Aristoteles im 4. Jahrhundert v. Chr. herausgefunden. Auch war die Erkenntnis von lebensverlängernden Spirituosen in der Antike bekannt. Ob diese Erkenntnis auch den Kelten vom Mittelmeer her vermittelt wurde und diese das Rezept für ein Whisky-ähnliches Elixier nach Irland mitbrachten, wo sie sich ansiedelten, ist nicht belegt, es wird aber vermutet. Lebenswasser hieß das Getränk jedenfalls auch schon bei den «Erfindern» des Whiskys, irischen Mönchen, die bereits im 6. Jahrhundert ihren *Uisce Beathad* brannten und gern auch im Übermaß zu sich nahmen. Das ging so weit, dass der irische Abt Columban, der sich um 560 als Missionar in Schottland niedergelassen hatte, mit der Androhung drakonischer Strafen eingreifen musste. Zwölf Tage bei Wasser und Brot erhielt nach der *Lex Columbanis* ein Priester, der das Gebet nur noch lal-

Bilder nächste Doppelseite
Stammhaus der berühmten Marke
in Dufftown (Grampians)

Glenfiddich THE GLENFIDDICH DISTI

THE MALT BARN

GLENFIDDICH
Nº 11
WASHBACK

lend vorbringen konnte, 40 Tage dagegen schon «ein Bischof, der so betrunken ist, dass er bei der Messe die Hostie auswürgt». Angesagt war halt noch nicht die feine britische Art. Immerhin waren es die Klöster, die den Herstellungsprozess der Flüssigkeit immer mehr verfeinerten, was daraus hervorgeht, dass die bedeutenderen Zentren der Whiskybrennerei Islay, Kintyre und das Speytal einstmals alle klösterliche Gemeinden waren.

Die Bedingungen zur Herstellung von Whisky waren im schottischen Hochland genauso günstig wie in Irland. Es gab eine von freundlicher Sonne in frischer Bergluft gereifte Gerste und ein quellreines Bachwasser, das beim Durchfließen des Torfs ein eigentümliches Aroma aufnahm. Nun muss man wissen, dass zu jener Zeit das Getränk noch ein elendes Gesöff war, das erst 1494 durch John Cor mit Malz angereichert wurde, nun ein Gebräu, das er *Aqua vitae* nannte – nachzulesen in der schottischen Nationalbibliothek! Tatsächlich wurde das Feuerwasser als Medizin dem Rauschmittel zumindest gleichgestellt, wie noch eine Chronik aus dem 17. Jahrhundert beweist. Danach war der Branntwein eine Arznei, die «Ausschlag, Phlegma und Melancholie heilt, den Alterungsprozess aufhält und Fleischwürmer tötet». Noch 1832, als in Großbritannien die Cholera-Epidemie wütete, wurde, auch außerhalb des Hochlandes, der Scotch als wirkungsvolles Gegenmittel empfohlen. Offenbar trank man sich vor einem Kampf damit auch Mut an; jedenfalls reichte vor der Schlacht von Culloden, in der sich 1746 Schotten und Engländer gegenüberstanden, der Priester den Kämpfern des Nordens in der Bittmesse zuvor Whisky statt Wein. Selbst noch Ende des 18. Jahrhunderts propagierte Robert Burns, der Lieblingsdichter der Schotten, in heimischer Mundart: «Freedom and Whisky gang thegither.» – «Freiheit und Whisky gehören zusammen.» Doch muss ihm der Rachenputzer auch aus anderen Gründen wohl gut getan haben, hätte er doch sonst kaum den folgenden Vers zu Papier gebracht:

Oh du, meine Muse! Guter alter schottischer Trank!
Ob du dich durch die gewundenen Destillationsspiralen zwängst
Oder tiefbraun über die Ränder trittst
In herrlichem Schaum,
Feure mich an, bis ich stammelnd und zwinkernd
Deinen Namen preise!

Seine tiefbraune und goldene Bernsteinfarbe hat der *Wee goldie*, wie die Glasgower den Drink nennen, übrigens vom Holz des Fasses, in dem zuvor spanischer Sherry oder amerikanischer Bourbon gelagert war. Durch Verdunstung im Fass – Whisky atmet! – gehen 20 Prozent verloren; «Angels' share» nennt man das hier oben – den Anteil für die Engel!

Mit der Zeit stellte sich ein Problem ein: Es wurde zum Destillieren mehr Getreide verwendet, als zur Herstellung fester Nahrung noch übrig blieb. Also musste 1579 ein Gesetz her, nach dem nur «Earls, Lords, Barons, and Gentlemen» lediglich zum eigenen Gebrauch das Recht auf Destillation vorbehalten wurde.

Doch blieb dessen ungeachtet das Brennen von Whisky in jeder einfachen Kate an der Tagesordnung, mit einem Überschuss sogar, so dass das Getränk geldgleich zu Tauschzwecken verwendet wurde. *Mountain dew* hieß es hier – Bergtau. Der schottischen Regierung in Edinburgh ging diese Entwicklung bald über die Hutschnur, und sie erhob im Jahre 1644 eine Whiskysteuer. Doch scherten sich vor allem die sowieso als unzivilisiert geltenden Highlander einen Dreck um die Verordnung. Obwohl das Parlament Kontrolltruppen unter General Wade aussandte, merkte man bald, dass das Eintreiben der Steuer schwieriger als ihr Erlass war. «Wade's Roads» nannte man die Straßen der Whiskybrennereien. Immerhin war das Brennen nun schwieriger geworden. Man nahm es jetzt in Höhlen oder auf hohen Bergklippen vor, von denen die trittsicheren Highlandponys bei Nacht und Nebel den Stoff auf den Whisky-Trails zu Tal brachten.

Obwohl zu der Zeit jährlich mehr als 700 schwarze Destillen ausgehoben wurden, sah das Parlament langsam ein, dass es dem illegalen Brennen nur mit einer Neuordnung beikommen konnte, und setzte die Steuer 1823 herab. Bald darauf aber erfolgte ein Boom im Whisky-Absatz, als die Reblaus den Wein in Europa befiel und die Produktion von Brandy zunichte machte. Nun musste Whisky herhalten! Einen gewaltigen Rückschlag erlitten dessen Exporteure aber

wiederum durch die Einführung der Prohibition in den USA im Jahr 1919 (die erst 1933 aufgehoben wurde).

Einige Whiskys wurden mit der Zeit so kultiviert, dass sie weit über die Landesgrenzen hinaus Berühmtheit erlangten, ja, sogar Eingang in die Literatur fanden. Einer von ihnen war der «Glenlivet», was «Tal des Livet» heißt, den der schottische Schriftsteller Sir Walter Scott in seiner Ballade «St. Ronan's Well» als «die einzige Spirituose, die ein Gentleman vormittags zu sich nehmen sollte», pries. Sein dichtender Landsmann James Hogg lechzte förmlich danach: «Gib mir den echten Glenlivet! Wenn ein Mensch bloß das gerade richtige Maß, die geziemende Quantität für das tägliche Trinken herausfinden und diese Vorschrift einhalten könnte, er könnte, so schwöre ich, ewig leben, ohne je zu sterben, und die Ärzte und die Friedhöfe würden völlig aus der Mode kommen.» Ein Whisky fand gar Aufnahme im Guinnessbuch der Rekorde: Der «Glenfarclas» – mit 64 Prozent Alkohol!

Die meisten Malzwhiskys enthalten das Wasser, das – im schottischen Hochland – vom Fluss Spey und seinen Nebenflüssen aus den Bergketten der Grampians und der Monadhliath kommt. Hier schlägt das Herz der Scotch-Herstellung, in den Grafschaften Nairn, Moray und Banff – ungefähr 40 Kilometer südlich der Moray-Firth-Bucht und mehr als 80 Kilometer von Ost nach West. Und hier schlängelt sich auch der heutige Whisky-Trail, dessen herrliche Landschaft, durchsetzt mit den pagodenartigen Hopfentürmen und Kupferkesseln der *stills*, der Brennereien, selbst für Abstinenzler noch etwas Berauschendes hat. Ihr Hauptort ist Dufftown, das einmal sieben Brennereien hatte. In der Glenfiddich Distillery empfiehlt sich ein Probeschluck (Glenfiddich bedeutet Tal des Flusses Fiddich)! «Rome was built on seven hills / Dufftown stands on seven stills», heißt es.

Das Getränk darf sich übrigens nur Scotch nennen, wenn es in Schottland hergestellt wurde, im Eichenfass gereift ist und wenigstens drei Jahre gelagert hat. Keinem ist es bisher gelungen, das unverwechselbare Gebräu nachzumachen – weder den Japanern noch Chemikern, die alle kläglich scheiterten. Der Whisky gehört heute mit zu den wichtigsten Exportgütern Großbritanniens. Jahr für Jahr gehen mehr als 700 000 Flaschen davon ins Ausland, vor allem in die USA und – man staune! – nach Frankreich, wo mehr Whisky getrunken wird als Cognac.

Wie trinkt man den Hochprozentigen heute in Schottland? Wenns draußen heiß ist, nimmt man *Blended Whisky* mit Soda zu sich, quasi als Erfrischungsgetränk; nach dem Essen gibts einen *Malt Whisky* – pur. Die Philosophie zum Wasserzusatz ist zweigeteilt; sagen die einen «Good whisky must stand water» – «Guter Whisky muss Wasser vertragen können» –, so meinen die anderen «Trinke niemals Whisky mit Wasser und nie Wasser ohne Whisky!» Und wie viel davon? Antwortet der richtige Schotte: «Any given amount!» – «So viel es gibt!» Prost auf Gälisch: *Slainge*!

Die «Müsli-Olympiade» – Baumstammstemmen im Rausch der Farben

Nicht weit entfernt von Balmoral Castle, der schottischen Ferienresidenz der Königsfamilie, liegt der Ort Braemar im Hochlandtal des River Dee. Dorthin hatte es 1881 Robert Louis Stevenson mit seiner Familie gezogen, wo er in einem einfachen Landhaus den ersten Teil seiner «Schatzinsel» trotz feucht-kalter Monate zu Papier brachte (und das spannende Jugendbuch wegen seines Lungenleidens in Davos zu Ende schrieb).

Die rund 20 000 Besucher und Besucherinnen, die in der ersten Septemberwoche nach Braemar kommen, sind jedoch keine Pilger aus der Anhängerschaft Stevensons, sondern begeisterte Zuschauer des berühmten Braemar Royal Highland Gathering, einer tausend Jahre alten Sportveranstaltung. Bei den Hochlandspielen, bei denen alter Tradition entsprechend die Royal Family präsent ist, werden Wettkämpfe ausgetragen, wie sie anderswo kaum ein zweites Mal zu sehen sind.

Die größte Attraktion ist das Werfen eines mindestens fünf Meter langen Kiefernstammes (*tossing the caber*). Auf die Weite kommt es beim Baumstemmen nicht an, sondern auf Höhe und Stil. Dabei muss der schwitzende Muskelmann (in Kilt und Kniestrümpfen) – mit selbstverständlich markerschütterndem Schrei – den über 50 Kilogramm schweren Stamm abstoßen, der keinesfalls zu ihm zurückfallen darf. Es wird angenommen, dass diese Sportart sich aus der Tätigkeit der Holzfäller entwickelt hat, die die Bäume auf dem Weg zum Sägewerk in die Mitte des Flusses warfen, um zu verhindern, dass sie am Ufer hängen blieben.

Ein weiterer «heavy event» bei den Oatmeal Olympics, wie sie sich auch nennen (Müsli-Spiele, könnte man sagen), ist das Hammerwerfen, wobei das 25-Kilo-Gewicht an einer Kette hängt. Wahrscheinlich ist diese Schwergewichtsdisziplin ein Relikt des Kräftemessens unter schottischen Schmieden von ehedem. Eine landestypische Sportart ist natürlich im September nicht vertreten: Curling, eine Art des Eisstockschießens.

All diese athletischen Wettbewerbe, zu denen auch das Tauziehen ächzender Kraftmänner meist rivalisierender Clans, Ringkämpfe und Läufe (auf einer 117-Meter-Tartanbahn im Kreis!) gehören, werden begleitet von Dudelsackspielern – sowohl von Bands als auch von Solisten, deren Darbietungen ebenfalls bewertet werden. Einen weiteren Rahmen der drei Kampfarenen bilden Tanzgruppen, denen in erster Linie junge Mädchen, selbst vierjährige, angehören; auch hier werden Noten verteilt. Doch sind es weniger die Bewertungen bei den parallel ausgetragenen Wettkämpfen die zählen, als vielmehr das Gaudium, das Dabeisein und die Farbigkeit des Bildes – allein schon durch die bunten Hochlandtrachten der verschiedenen Clans, durchweg rot, blau und grün: Beim meist grau verhangenen Himmel im Norden der Britischen Inseln ein geradezu ungewohnter Farbenrausch! Die Darbietung von Kraft, Ästhetik und Lebendigkeit vor dem Hintergrund schöner Landschaft, in einer Senke außerhalb des Ortes, ist das eigentliche Ziel der Veranstaltung. Langeweile kommt bei der geballten Folklore jedenfalls nicht auf.

Der Besucher eines solchen Sportfestes zu Beginn des 19. Jahrhunderts hat es so beschrieben: «Die Spiele waren von der allgemein üblichen Art – Tänze, Dudelsackmusik, einen schweren Feldstein heben und ein Wettlauf nach Invergarry und zurück, sechs Meilen. Eine Bravourleistung, die ich nie wieder gesehen habe, bestand aus dem Herausdrehen der vier Beine einer Kuh. Es gelang am Ende einem einzigen Mann. Nachdem er sich ungefähr eine Stunde lang abgemüht hatte, hatte er die vier Beine heraus. Dann wurde der anwesende Barde aufgerufen und trug ein Gedicht auf Gälisch vor, das den Chief, dessen Familie und den Clan pries. Alle Landleute bekamen dann zu essen, wobei ihnen

Baumstammstemmen und Hammerwurf bei Highland Games

das Abendessen auf dem grünen Rasen serviert wurde – Schüsseln mit Brühe, gekochtem und geröstetem Seetang mit Hammelfleisch; Hühner, Lachs, Kartoffeln und ungeheure Mengen von *bannocks* (Hafermehlfladen). Es gab keine Messer und Gabeln, aber die *dirks* (Dolche) und *skean dhus* (Kurzschwerter) der Männer dienten als Hilfe ihrer Finger.» Ob die Kuh tot oder lebendig war, wird nicht berichtet; hoffen wir, dass Ersteres der Fall war!

Zum Ursprung der Spiele gibt es verschiedene Erklärungen. Sinn macht, dass die Herrscher des Landes mit der Unterhaltungsshow fürs Volk im Grunde die geeignetsten Leibwächter zu ihrem Schutze ermitteln wollten – nach außen *panem et circenses.* Andere Stimmen führen sie auf König Malcolm III. Canmore (11. Jahrhundert) zurück, der mit Wettläufen auf den Berg Craig Choinich sich die fähigsten Laufboten und die Krieger mit den stärksten Bizepsen sichern wollte – heute noch eine der Disziplinen! Nach einer dritten Theorie sollen die Spiele erstmalig nach der siegreichen Rückkehr schottischer Bogenschützen aus Bannockburn 1314 bei Ceres in der Region Fife stattgefunden haben. Wie auch immer: Das Gathering in Braemar ist ein so herrliches Spektakel, dass man Eintrittskarten bereits im Frühjahr bestellen muss. Sollten die Tickets für Braemar ausverkauft sein: Es gibt noch um die hundert weitere Highland Games von Mai bis Oktober – aber ohne Königin.

Bilder nächste Doppelseite
• Pipers Parade
• Jury von hinten
• Tanzwettbewerbe für Teens und Kids

15

224

186

Geistesgrößen: Erfinder und Entdecker, Philosophen und Poeten

Obwohl die Schotten nur zehn Prozent der britischen Gesamtbevölkerung ausmachen, haben sie offenbar rund 15 Prozent der Genies und 20 Prozent der herausragenden Wissenschaftler und Ingenieure hervorgebracht. So jedenfalls lautet das Ergebnis einer Untersuchung des englischen (!) Sozialwissenschaftlers Havelock Ellis mit dem Titel «Studie über den britischen Genius». Die ersten weltweit bekannten Denker traten zu Beginn des 18. Jahrhunderts hervor. So ließ «Eine Abhandlung über die menschliche Natur» aufhorchen, die der Philosoph und Historiker David Hume (1711–1776) verfasste, in der er den Empirismus zum Skeptizismus fortführte, eine Richtung, die den Zweifel zum Prinzip des Denkens erhob. Adam Smith (1723–1790), sein Freund, Moralphilosoph und Nationalökonom, machte sich einen Namen mit seiner «Untersuchung über die Natur und die Ursachen des Reichtums der Völker». Der Ingenieur James Watt (1736–1819) verbesserte die Dampfmaschine derart, dass er als ihr eigentlicher Erfinder gilt; nach ihm wurde auch die Leistungseinheit Watt benannt. Der Afrikaforscher und Missionar David Livingstone (1813–1873) entdeckte die Kalahari, den Sambesi, die Kongoflüsse, die Victoriafälle und mehrere Seen. Das Telefon verdanken wir Alexander Graham Bell (1847–1922) aus Edinburgh und das Penicillin dem Bakteriologen Sir Alexander Fleming (1881–1955) aus Lochfield Darvel, der für seine 1929 gemachte Entdeckung 1945 den Nobelpreis erhielt.

Viele Namen wären hier noch zu nennen, so John Dunlop, der Erfinder der Luftreifen, Charles Macintosh, der sich den wasserdichten Regenmantel einfallen ließ, John McAdam, dem die asphaltierte Straßendecke zu verdanken ist, James Simpson, dessen Chloroform zu seiner Zeit das allein erlösende Betäubungsmittel darstellte, oder James Nasmyth, der auf die Idee des Dampfhammers kam. Zahlreiche Schotten brachten es im Ausland zu Ruhm und Reichtum, so Andrew Carnegie, Großindustrieller in New York, oder John Law, der die französische Nationalbank aufbaute.

Und dann die Schriftsteller und Dichter! Drei große Namen ragen heraus: Robert Burns, Sir Walter Scott und Robert Louis Stevenson. Burns (1759–1796), eines von sieben Kindern eines armen Bauern aus Ayrshire (südliche Westküste), verfasste die ersten Gedichte und volkstümliche Lieder in heimischem Dialekt. Bereits mit 37 Jahren an übermäßigem Whiskygenuss aus dem Leben geschieden, gilt Burns im Volk als der große Nationaldichter.

Der romantische Dichter Scott (1771–1832) aus der Gegend von Melrose, der mit seinen «Poems in the Scottish Dialect» schlagartig berühmt wurde und dann den historischen Roman begründete («Waverly», «Ivanhoe»), machte mit seiner Unterhaltungsliteratur, die in alle großen Sprachen übersetzt wurde, nicht nur sich einen Namen in aller Welt, sondern auch in zig Ländern auf Schottland aufmerksam; 1818 wurde er in den Adelsstand erhoben. Heinrich Heine berichtete 1822 in seinen «Briefen aus Berlin» vom Enthusiasmus, den die Lektüre von Scotts Werken hervorgerufen hatte, die man «überall liest, bewundert, bekrittelt, herunterreißt und wieder liest. Von der Gräfin bis zum Nähmädchen, vom Grafen bis zum Laufjungen liest alles die Romane des großen Schotten, besonders unsere gefühlvollen Damen ...»

Stevenson (1850–1894) wurde mit seinen Abenteuerromanen berühmt («Die Schatzinsel», «Der seltsame Fall des Dr. Jeckyll und Mr. Hyde»). James Barrie ist bei uns weniger bekannt, dafür aber sein «Peter Pan». Thomas Carlyle sagt auch nicht mehr jedem etwas, doch schrieb er in englischer Sprache die Biographien von Friedrich dem Großen und Schiller und übersetzte Goethes «Wilhelm Meister».

Lesenswert sind noch heute die Berichte von Dr. Samuel Johnson über die westlichen Inseln Schottlands und jene von

David Hume, Philosoph, denkt in Edinburghs Royal Mile

James Boswell über die Hebriden; die beiden hatten im 18. Jahrhundert eine gemeinsame Reise durch die Gebiete unternommen.

Ein Dichter der besonderen Art war James Macpherson, der mit den Übersetzungen der Gedichte eines gälischen Barden aus dem 3. Jahrhundert, nämlich des blinden Sängers Ossian, König Fingals Sohn, nicht nur in Großbritannien, sondern auch auf dem Kontinent für Furore sorgte. 1760 gab er die «Bruchstücke alter Dichtung, in den schottischen Hochlanden gesammelt und aus dem Gälischen übersetzt» heraus. Das Buch wurde ein Riesenerfolg, so dass er bald ein zweites nachschob: «Fingal, eine alte epische Dichtung, verfasst von Ossian, Sohn des Fingal». Auch Napoleon, der die Ossian-Werke bei seinen Feldzügen mit sich führte, Herder und Goethe hatte es diese «Urpoesie» angetan. Schubert und Brahms vertonten Ossian-Lieder, Philipp Otto Runge fertigte Illustrationen an. «Homer des Nordens» nannte ihn Madame de Stael. Selbst Kinder erhielten nun Namen wie Fingal, Malvina und Selma.

Johanna Schopenhauer, ebenfalls begeisterte Ossian-Anhängerin, geriet bei ihrem Aufenthalt in Schottlands Norden geradezu ins Schwärmen: «Es war ein ossianischer Tag: Graue Nebel hingen an den Spitzen der Berge, wogten zuweilen herab und durcheilten wie Geistergestalten die Schluchten der Felsen. Einzelne Sonnenblicke flogen über das Tal, durch welches wild tobend ein starker Bach sich wand. Nur selten erinnerte uns in dieser Wildnis ein kleines Kornfeld, eine niedrige Hütte, dass in dieser Einsamkeit noch Menschen leben. Hier erscheint die Natur, wie Ossian sie malte, die Ströme, die Felsen, die uralten einzelnen Eichen. Der Wind heult über die Heide, die Distel wiegt ihr Haupt im Sturme am Grabe der alten Krieger. Die vier grauen, bemoosten Steine erheben sich noch einsam am Hügel der Helden und verkünden stumm dem stillen Wanderer die Geschichte vergangener Jahrhunderte.»

Doch Macpherson war ein Scharlatan. Waren bald schon von kompetentesten Stellen Zweifel an der Authentizität der Gesänge angemeldet worden, so stellte sich der ganze Schwindel doch erst nach Macphersons Tod heraus. Zwar hatte er, der sich inzwischen von den satten Honoraren für seine Hirngespinste ein stattliches Herrenhaus gebaut hatte, gälische Quellen benutzt, die Dichtung indes war im Wesentlichen reine Erfindung. Und die halbe Welt war im Ossian-Fieber auf ihn hereingefallen – *honi soit qui mal y pense*! Seine letzte Ruhe fand der geniale Phantast und Lügner im Poet's Corner der Westminsterabtei, ausgerechnet neben Samuel Johnson, seinem größten Widersacher.

Bild nächste Doppelseite
Eine Stimmung, wie sie Ossian beschrieb: Wetter- und Uferschwermut am Loch Eriboll

Geschichte – Schottland versus England

Die Geschichte des nördlichen Teils Großbritanniens zwischen Atlantik und Nordsee erscheint bei erster Betrachtung dramatischer, ja blutiger und grausamer als bei anderen Völkerschaften, wenngleich sie bei näherem Hinsehen bei diesen durchaus ähnlich verlaufen ist. Dennoch scheint hier der Kampf um das nationale Selbstbestimmungsrecht, um die Eigenständigkeit und um die völkische Identität – vor allem in der Abgrenzung gegenüber dem alten Erzrivalen England – ausgeprägter als in anderen europäischen Ländern.

Von stehenden Steinen zu Pikten und Skoten

Erste Spuren zeigen, dass es Jäger, Fischer und Sammler waren, die als Nomaden um 4000 v. Chr. die dichten Wälder Schottlands durchstreiften. Aus der Jungsteinzeit ist eine Becherkultur bekannt; die tönernen Gefäße stammten von Stämmen, die aus dem Rheinland und aus dem heutigen Holland in den Norden gewandert waren, die Werkzeug benutzten und Landwirtschaft betrieben. Aus welchen Gründen sie – etwa 3000 v. Chr. – auf der Insel Lewis die Stehenden Steine von Callanish aufstellten, weiß man nicht. Ob diese der Götterverehrung, kultischen Handlungen oder astronomischen Beobachtungen dienten, ist unbekannt – graue Vorzeit.

In der Bronzezeit um 2000 v. Chr. entstehen die ersten Steingravuren mit künstlerischem Ausdruck, und bald verwendet man dann auch Metall für die Anfertigung von Waffen und Werkzeug. Verteidigungsanlagen (Duns und Brochs) entstehen, und die Insel-Pfahldörfer der Crannogs werden angelegt. Keltische Stämme rücken nach, wie sie sich – vom europäischen Festland vertrieben – auch in Irland, Wales und Cornwall niederlassen. Ihr Werkzeug besteht nun schon aus Eisen, und ihre Sprache ist Goidelic (Gälisch). Ptolemäus, Geograph in Alexandria, berichtet hundert Jahre vor der Zeitrechnung von 18 Stämmen, unter ihnen die Caledonier, weshalb der römische Geschichtsschreiber Tacitus die Volksgruppen im Norden der großen Insel auch nur so nennt. Sie vermischen sich bald mit der einheimischen Urbevölkerung, so dass es einen größeren Zusammenhalt gibt, als, nach der Unterwerfung Britanniens im Süden, Kaiser Vespasian 80 n. Chr. auch nach Norden vorrücken will. Die Legionen seines Feldherrn Agricola schlagen rasch das 30 000-Mann-Heer des keltisch-schottischen Anführers Calgacus – eines Mannes, der die erste historische Erwähnung als Schotte findet. Nach den Aufzeichnungen von Tacitus habe Calgacus über die Römer geklagt: «Sie schaffen eine Einöde und nennen es Frieden.»

Es gelingt den Römern aber nicht, der Rebellen im Norden auf Dauer Herr zu werden, so dass sie eine weitere Expansion aufgeben. Vielmehr beschränkt sich nun Kaiser Hadrian darauf, eine befestigte Mauer (Hadrian's Wall) zur Isolierung der «Barbaren» anzulegen. Mit dem Wall, der Grenze der Zivilisation, ist für Rom Europa im Norden zu Ende; dahinter beginnt das Ultima Thule, die Terra incognita. Im Wesentlichen unterscheiden die Römer zwei größere Stämme: Die Scotti (Skoten), die für sie als «Banditen» auf den Inseln und an der Argyll Coast leben, und die Picti (Pikten), die als «die Bemalten» im Norden und Osten ansässig sind.

Nachdem dann das Römische Reich untergegangen ist und sich dessen Besatzungstruppen im 4. Jahrhundert zurückgezogen haben, steht der allmählichen Herausbildung größerer Familienverbände nichts mehr im Wege, so dass sich nun die Clans und auch kleinere Königreiche entwi-

Bild rechts
Ruine des Dunure-Castle an der Südwestküste

nächste Doppelseite
Die schottische Antwort auf das englische Stonehenge: Callanish Standing Stones auf Lewis, Äußere Hebriden

ckeln. Invasionen, die Raub und Plünderung zum Ziel haben, allen voran durch die Wikinger, führen 843 nolens volens zu einem Zusammenschluss der Pikten und Skoten in einem Königreich namens Scotia. Doch ist das neue Reich noch nicht schlagkräftig genug. So gelingt es den vereinigten Stämmen nicht auf Anhieb, Edinburgh für den Skotenkönig Kenneth MacAlpin einzunehmen. Dessen Königreich Alba oder Albyn wird später einmal als Albion die Bezeichnung für ganz Großbritannien abgeben. Auch kann das teutonische Volk der Angeln oder Angelsachsen, die aus dem heutigen Schleswig-Holstein und dem südlichen Dänemark eingewandert sind und den Süden Schottlands beherrschten, erst 1018 besiegt werden. Die Wikinger, die in Schottlands Norden Fuß gefasst haben und dort auch Nachkommen aus Verbindungen mit den Einheimischen hinterlassen, können sich bis 1226 auf den Hebriden halten; von den nördlichen Inseln werden sie 1472 endgültig vertrieben.

1016 wird Northumbria von Malcolm II. erobert. Sein Neffe Duncan rückt 1034 als Regent nach. 1040 ermordet der Sohn von Duncans Feldherrn Finnlaech, Macbeth, den Herrscher und tritt an dessen Stelle. 1057 wiederum läßt Malcolm Macbeth umbringen.

Die Invasion Englands 1066 durch Wilhelm den Eroberer hat nachhaltigen Einfluss auf die Geschicke des Landes. Große Teile des englischen Adels und der geistigen Elite setzen sich ins südliche Schottland ab, wo sie – in den Lowlands – ihre Traditionen und ihre Sprache einbringen und damit einen kulturellen Gegensatz zu der rein keltischen und gälisch sprechenden Bevölkerung der Highlands schaffen. Auch mit Malcolm III., der in England erzogen worden ist und der die Schwester des englischen Thronfolgers, die später heilig gesprochene Margaret, heiratet, setzt eine weitere Anglisierung des Landes ein. Die Kluft vertieft sich noch, als im 12. Jahrhundert König David im Süden des Landes mit Unterstützung der – französischsprachigen! – Normannen ein streng gegliedertes Feudalsystem institutionalisiert, das schließlich auch in der Vereinheitlichung des Rechts seinen Ausdruck findet. Die Highlands jedoch bleiben von dieser Entwicklung unberührt, und so kann es nicht ausbleiben, dass sich die Chiefs (Häuptlinge) der Clans im Norden und Nordwesten als unabhängige Regenten sehen und sich der schottischen Krone in nichts verpflichtet fühlen. Zahlreiche Fehden unter den Clans machen es dem Süden aber nicht selten leicht, diese gegeneinander auszuspielen.

William Wallace und Robert the Bruce

Mit der Zeit weckt die Entwicklung Schottlands mit seinen erstarkten Städten, Burghs genannt, Begehrlichkeiten beim Königshaus in London, zumal ihm das Herrscherhaus im Norden als Verbündeter des Erzrivalen Frankreich ein Dorn im Auge ist. So kommt es vom 13. Jahrhundert an immer wieder zu kriegerischen Auseinandersetzungen der beiden Staaten, in deren Verlauf der schottische Krönungsstein, der so genannte Stone of Scone, nach England entführt werden kann. Nach dieser ungeheuren Provokation schließen die Schotten ein Bündnis mit Frankreich, die Auld Alliance, die später noch von Bedeutung sein wird.

Als der englische König Eduard I. aus dem Geschlecht der Plantagenets, der sich den Titel «Hammer der Schotten» zugelegt hat, den Druck auf Schottland verstärkt, gelingt es einem jungen Mann, William Wallace, der nach einer Prügelei mit englischen Soldaten zum Geächteten erklärt worden ist, die Clans im Wesentlichen zu einigen und eine große Armee um sich zu scharen. Der schottische Adel jedoch versagt dem Gemeinen seine Unterstützung. So verliert er nach einem anfänglichen Sieg 1297 bei Stirling ein Jahr später bei Falkirk die Schlacht gegen Eduard; der läßt ihn bei dessen Auslieferung an England, immerhin noch sieben Jahre nach dessen Niederlage, aufhängen, dann aber den noch Lebenden strecken und vierteilen. Teile des Körpers von «Brave-

Bild rechts
Standfest in Stirling: William Wallace

nächste Doppelseite
Skizze und Ruine des Dun Carloway Broch

übernächste Doppelseite
Glanz und Elend der Geschichte: Ardvreck Castle am Loch Assynt; Dunvegan Castle auf Skye

BRAVEHEART
FREEDOM

DÙN CHÀRLABHAIGH

Iron Age broch

terra magica

heart» – so der Titel eines Hollywoodfilms über Wallace – werden zur Abschreckung in Edinburgh, Perth, Berwick und Stirling öffentlich aufgespießt.

Erfolgreicher dagegen ist der Freiheitskämpfer Robert the Bruce, der aus der normannischen Familie de Brus stammt. Nach einer Reihe siegreicher Feldzüge wird er, der diesmal die Clans uneingeschränkt hinter sich hat, 1306 von Frankreich und von der katholischen Kirche als König von Schottland anerkannt. Eduard II., neuer englischer Monarch, mag das nicht hinnehmen und rüstet zur Entscheidungsschlacht. Sie findet 1314 in Bannockburn statt, wo Bruce mit nur 6000 Mann die 20 000 englischen Soldaten ins Moor treibt. Bannockburn ist eine der wenigen bedeutenden Schlachten, in denen die Schotten den Sieg davontragen.

Durch die Deklaration von Arbroath, die der gesamte schottische Adel unterzeichnet, wird Bruce 1320 erneut als König bestätigt. In der Erklärung heißt es: «Solange hundert von uns überleben, werden wir niemals, unter keinen Umständen, uns der englischen Herrschaft unterwerfen ... Wir kämpfen nicht um Ruhm, Reichtum und Ehre, sondern allein um die Freiheit, die kein wirklicher Mann aufgibt, es sei denn mit seinem Leben.»

Die Stuarts und das United Kingdom

Es soll noch besser kommen. Acht Jahre später erkennt der englische König, nun Eduard III., die Unabhängigkeit und den König von Schottland an und gibt Bruce' jüngstem Sohn seine jüngere Schwester zur Frau.

1329 stirbt Robert the Bruce, und als dessen Sohn David II. verscheidet, ohne männliche Nachkommen zu hinterlassen, geht durch Heirat der Thron an die Stuarts, normannische Abkommen, die Haushofmeister (High Stewards, unseren einstigen Hausmeiern vergleichbar; auch die Berufsbezeichnung Steward/Stewardess ist ursächlich verwandt mit dem Dynastienamen Stuart) gestellt haben. Diese werden nun für die nächsten dreieinhalb Jahrhunderte die Macht in Schottland im Wesentlichen innehaben, wenn auch die meisten von ihnen umgebracht werden. Innenpolitischen Auseinandersetzungen, aber auch den immer wieder aufkommenden Streitigkeiten mit England stehen die Vertreter der neuen Dynastie ziemlich machtlos gegenüber, bis mit Jakob IV. ein Stuart auf den Thron kommt, der nicht zuletzt wegen seiner großen Beliebtheit Einigkeit und Frieden in Schottland durchsetzt und seinem Reich eine kulturelle Blütezeit beschert.

Mit Heinrich VII. von England schließt er 1494 den «Ewigen Frieden» und nimmt – politischer Schachzug – 1503 eine Tudor zur Frau. Als er aber dem von England bedrängten Frankreich mit der Erneuerung der Auld Alliance Beistand leisten will, fühlt London sich herausgefordert, und der Frieden ist nicht mehr ewig. In der Schlacht von Flodden Field werden die Schotten vernichtend geschlagen, wobei 16 000 Mann – und auch der König – ihr Leben verlieren. Von dieser verheerenden Niederlage zeugt noch ein Volkslied, Sterbelied Schottlands genannt, das den Titel «The Flowers of the Forest» trägt und von Theodor Fontane ins Deutsche übertragen wurde. Hier zwei der sechs Verse:

Ich hörte sie singen, wenn sie morgens gingen
Die Herde zu melken, die draußen steht;
Nun hör ich ihr Wehe, wo immer ich gehe –
Die Blumen des Waldes sind abgemäht.

Kein Erntereigen, es schweigen die Geigen,
Kein Tänzer, der fröhlich im Tanze sich dreht.
Auf Märkten und Messen die Lust ist vergessen –
Die Blumen des Waldes sind abgemäht.

Der Nachfolger von Jakob IV., Jakob V., verliert 1542 bei Solway Moss ebenfalls eine Schlacht gegen England. Er stirbt im Dezember desselben Jahres und hinterläßt eine gerade mal eine Woche alte Tochter: Maria Stuart, die umgehend als «Mary Queen of Scots» gekrönt wird. Ihre Vermählung erfolgt, als sie sechs ist – mit dem Dauphin von Paris, dem französischen Thronfolger. Als ihr Ehemann Franz zehn Jahre später schließlich Regent von Frankreich wird, ist die 16-Jährige demnach französische Königin, doch nur dem Titel

Bild rechts
Steward Castle (Inverness), Stammburg der Stuarts

nach. Deshalb verläßt sie Paris auch, als drei Jahre später ihr Mann stirbt, und begibt sich wieder nach Schottland, wo sie auf den Thron zurückkehrt. Es ist die Zeit, als sich Schottland in zwei Lager spaltet: Hier die vom fanatischen Reformeiferer John Knox angefeuerten Protestanten, dort das katholische Königshaus. Als schottische Königin, die am Katholizismus festhält, und wegen ihres als unschicklich empfundenen Privatlebens – mit zwei weiteren Ehen – macht sie sich allgemein unbeliebt, muss abdanken und fliehen. In England läßt ihre Rivalin – nach deren Tod Maria Nachfolgerin auf Englands Thron würde – und Cousine Königin Elisabeth I. sie in den Tower werfen und verhindert nicht, dass das Parlament Maria nach 19 Jahren (1587) hinrichten lässt.

Als die «jungfräuliche Königin» Elisabeth 1603 – 16 Jahre nach der Hinrichtung Marias – kinderlos stirbt, setzt man Marias Sohn, der inzwischen als König Jakob VI. Schottland regiert, 1603 auch als König Jakob I. von England ein! Es ist die Geburtsstunde des United Kingdom. Trotz dieser Union of The Crowns wird Schottland noch eine gewisse Autonomie zugestanden. Doch immer wieder gibt es innere Spaltungen und kriegerische Auseinandersetzungen im Norden der Insel. Die Covenanters, eine radikal-protestantische Bewegung der Lowland-Adligen steht den Jakobiten gegenüber, die sich der anglikanischen – und in ihrem Wesen noch katholischen – Staatskirche verhaftet sehen. Ein Vierteljahrhundert lang währt der blutige Streit. Inzwischen hat Jakobs Sohn als König Karl I. nicht nur Parlament und General Assembly entmachtet, sondern sich auch zum Oberhaupt der Kirche aufgeschwungen. Der König begibt sich im Jahr 1646 unter den Schutz des schottischen Heeres, wird aber 1648 von englischen Truppen festgenommen. Das Rumpfparlament in London verurteilt ihn auf Druck des Machthabers Oliver Cromwell (1599–1658) zum Tode: Karl I. ist Englands einziger König, der geköpft wird.

Mit seiner Elitetruppe, den Ironsides, unterwirft Cromwell Schottland in der Schlacht von Dunbar, wobei er grausam auch gegen die Zivilbevölkerung vorgeht. Die Folge: Das schottische Parlament wird abgesetzt. Doch die Monarchie im Lande wird 1660 mit Karl II. wieder hergestellt. Nach dessen Tod 1685 führt sein Bruder als Jakob II. die Todesstrafe für die Religionsausübung der Covenanters ein, was London jedoch zu weit geht, so dass er zugunsten seines Schwiegersohnes, Wilhelm von Oranien, abgesetzt wird.

«Rottet die MacDonalds aus!»

Wilhelm misstraut den Jakobiten, nicht zu Unrecht, und besteht darauf, dass jeder Clanchef mit der zugesagten Aussicht auf Generalamnestie innerhalb einer bestimmten Frist einen Treueeid auf ihn ablegt. Dieser Forderung kommt der Chief des MacDonald-Clans jedoch mit windigen Ausreden erst fünf Tage nach dem gesetzten Datum nach, was Wilhelm nun veranlasst, klar zu machen, wer Herr im Hause ist. Der mit den MacDonalds verfeindete Campbell-Clan erhält den Auftrag, alle MacDonalds zu töten, die unter 70 Jahre alt sind («to root out the old fox and his cubs»), was den Campbells mehr als recht ist. Das 1692 begangene Massaker von Glen Coe wird zum blutigsten Gemetzel in der schottischen Geschichte. Den Jakobiten verschafft die Bluttat allerdings nur noch mehr Zulauf.

Thronfolgerin von Wilhelm III. wird in England und Schottland 1702 seine Schwägerin Anna, zweite Tochter von Jakob II. Doch sie ist erfolglos: Nicht nur, dass keines ihrer 17 Kinder überlebt, London mag keine Stuart. Immerhin kommt unter ihr 1707 mit dem Treaty of Union die Union of the Parliaments zu Stande – Grundlage des United Kingdom und des späteren British Empire. Die Schotten sehen sich jedoch unterrepräsentiert. «We are bought and sold for English gold», schimpfen die Jakobiten, zumal von Bestechungsgeldern von Seiten Westminsters die Rede ist. Zudem verpflichtet der Toleration Act von 1712 die schottischen Geistlichen zu einem Treueeid auf den Monarchen. Die Folge ist eine Abspaltung der Reformed Presbyterian Church 1743 als Kirche der Covenanters.

Bonnie Prince Charlie und der «Schlächter»

Die Unruhen mehren sich. Zwei Jakobitenaufstände, 1715 und 1745, scheitern. Erneut kommt es zu einer Entscheidungsschlacht. Doch wird auch hier, bei Culloden,

Nationaldichter Robert Burns als Bauer.
Gemälde im Burns-Museum, Mauchlire bei Ayr

nur wenige Meilen von Inverness entfernt, den Highlandern unter Karl Eduard Stuart (Bonnie Prince Charlie), einer strahlenden Erscheinung von 26 Jahren, 1746 von den Engländern zusammen mit den londontreuen Tieflandschotten eine vernichtende Niederlage bereitet. «Keine Gefangenen!», lautet der Befehl. So wird, was sich auf dem Schlachtfeld an Schotten noch regt, mit dem Bajonett niedergemacht. Mit den Worten «to have some of the sweets of victory» genießt der mit 25 Jahren schon fettleibige und sadistische Herzog von Cumberland seinen Sieg.

In einem Gedicht von Robert Burns über das schottische Desaster, die tiefste Demütigung durch Westminster, klagt «die schöne Maid von Inverness»:

Sie liegen tief in Sand und Blut,
Im ersten Grün die Gräber stehn,
Der beste Bursch daneben ruht,
Den Mädchenaugen je gesehn.

Weh, Sieger, dir, der nach der Schlacht
Noch die Geschlagnen niedertrat,
Du hast manch Herz betrübt gemacht,
Das dir doch nichts zuleide tat.

Die Rückkehr Cumberlands ist ein Triumphzug. Von seinem Vater Georg II. wird «the Butcher» (der Schlächter), wie ihn die Schotten nun nennen, zusätzlich in den Stand eines Barons Cullodon erhoben, ein Titel, der in der Royal Family

Bilder nächste Doppelseite
Die moderne Industrialisierung der Welt begann in Großbritannien – mit Webmaschinen wie hier in Edinburgh

Graham of Mentieth m/c
Red Sinclair o/c
Htg. Brodie o/c
Clan Cameron m/c

Keep all
aisles clear

Tweed-Weber auf Lewis.
Die kostbarsten und haltbarsten Stoffe werden wie hier handgewebt

noch heute geführt wird. Und der aus Deutschland stammende Georg Friedrich Händel komponiert «Hail, the Conquering Hero Comes». Cumberlands Gründung des Pferderennens von Ascot kann letztlich auch nicht dazu beitragen, sein Blatt im Buch der Geschichte umzuschreiben.

Verfolgt, vertrieben, verarmt, abgewandert

Was folgt, sind Vertreibung, Verfolgung der Angehörigen, Massenhinrichtungen und Beschlagnahme der Besitzungen der Jakobiten durch die Truppen Cumberlands, wobei, wie es heißt, die Schotten der Lowlands am gnadenlosesten vorgehen. Mehr noch: Man verbietet – nach einem Entwaffnungsgesetz von 1746 – nun alle Highland-Attribute, Zeichen gälischer Kultur, einschließlich der Sprache, des Dudelsacks und des Kilts. Noch bis 1782 werden Übertretungen mit siebenjähriger Verbannung geahndet. Auch wird der Aristokratie im Norden die Strafgerichtsbarkeit abgesprochen.

Nach und nach geht mit diesen Säuberungsaktionen und Räumungen, den so genannten *Clearances*, das System der Clans verloren, und die Chiefs von ehedem sehen sich nicht mehr als Beschützer ihrer Mitglieder, sondern als anglisierte Lairds, als Landbesitzer, denen nun allein der Ertrag höher steht. Ein Sir John Sinclair hat herausgefunden, dass sich die Produktion von Rindfleisch nicht mehr lohnt, weil «derselbe Boden zweimal so viel Schaffleisch hervorbringen könne und man dabei außerdem noch Wolle gewönne». Mithin zählt jetzt nur noch der schnelle Profit, der durch hohe Pacht von Schafzüchtern erzielt werden kann. Bei Weigerung werden die Kleinbauern – zu Tausenden – vertrieben, und ganze Dörfer werden zur Strafe und als Warnung in Schutt und Asche gelegt.

Der damit verbundenen Verarmung der einfachen Bevölkerung folgt die Abwanderung in die inzwischen entstandenen Industriereviere von Glasgow und Edinburgh sowie die Auswanderung nach Nordamerika, Australien und Neuseeland. Gegen Ende des 19. Jahrhunderts besteht die Bevölkerung der Highlands praktisch nur noch aus einigen Großgrundbesitzern – das Hochland ist entvölkert, man sieht nur noch Schafe.

Der große Aufbruch

Doch Erstaunliches geschieht. Der Fortschritt auf wissenschaftlichem Gebiet und im kaufmännischen Bereich ist im angebrochenen Zeitalter der Aufklärung in Schottland weit größer als, ja, in der übrigen Welt. Diese schaut mit einem Mal nicht ohne Neid auf das geographisch obere Drittel Großbritanniens, das mit seinen gigantischen Industrieunternehmen und Handelszentren, seinen genialen philosophischen und nationalökonomischen Köpfen wie David Hume und Adam Smith, seinen Erfindern wie James Watt und Graham Bell sowie seinen Schriftstellern wie Sir Walter Scott, Robert Burns und Robert Louis Stevenson im Zenit von Unternehmertum, Gelehrsamkeit und intellektuellem Anspruch steht. «Man kann nicht erwarten», schreibt David Hume 1752, «dass in einer Nation, die keine Ahnung von Astronomie hat oder deren Ethik darniederliegt, ein Stück Wollstoff zur Perfektion gebracht werden kann. Der Geist eines Zeitalters beflügelt alle Künste.» Gedacht hat er wohl auch symbolisch an Harris Tweed, noch heute das feinste Schurwolltuch für Bekleidung.

Zu Humes Zeiten ist Schottland zur Hälfte am Welttabakhandel beteiligt, und die *Tobacco Lords* häufen unvorstellbare Vermögen an. Auch ist es mit führend in der Porzellan- und Glasmanufaktur, in der Seifenfabrikation, in der Leinenherstellung, und es boomen die Bierbrauereien und Schnapsbrennereien. Die britische Armee bezieht ihre Geschütze aus den Eisenhütten der Carron-Werke, auch im Schiffsbau gibt es einen ungeheuren Aufschwung, und der Forth-Clyde-Kanal kann den Gütertransport gerade noch bewältigen. Der allgemeine wirtschaftliche Erfolg führt zu einem Ausbau der Infrastruktur; Straßen und Eisenbahnlinien werden angelegt, Kanäle und Brücken werden gebaut. Schließlich löst – nicht zu unterschätzen! – Scotts Literatur einen Schottland-Enthusiasmus auf dem «Kontinent» aus, der wohl auch Königin Viktoria und ihren Prinzgemahl dazu bewogen haben mag, im Jahre 1848 Schloss Balmoral zu erwerben.

Das 20. Jahrhundert sieht für Schottland nicht mehr so rosig aus. Stärker als in England treten Rezessionen, Wirtschaftskrisen, Arbeitslosigkeit und die Abwanderung von Fachkräften in den Vordergrund. Die Erschließung des Nordseeöls in den Siebzigerjahren kann nur für kurze Zeit die allgemeine Misere lindern. Hat der Beitritt Großbritanniens zur Europäischen Gemeinschaft Hoffnungen auf Fördermittel geweckt, so ergreift Schottland heute selbst die Initiative und stellt von Schwerindustrie auf Hightech in Elektronik und Medizin um. In einem Wirtschaftszweig aber wird es wohl für immer der Tradition verhaftet bleiben: bei der Herstellung von Whisky.

Edinburgh – «eine großartige Komposition»

Nur 60 Kilometer von der eher nüchternen Industriestadt Glasgow entfernt, strahlt Edinburgh als Hauptstadt die Geschichte und die Kultur des ganzen schottischen Landes aus. Welten trennen die beiden Orte voneinander. «Edinburgh, verglichen mit London, ist wie eine lebendige Seite der Geschichte ...», schwärmte schon die englische Schriftstellerin Charlotte Brontë bei einem kurzen Besuch 1850. So ist es auch kein Wunder, dass der Romantiker Samuel Taylor Coleridge, ebenfalls Engländer, auf die Frage nach den fünf schönsten Landstrichen Schottlands als Ersten keine Gegend, sondern die Stadt Edinburgh nannte. Der Atem der Geschichte und die kulturelle Tradition der Metropole ließen denn auch den architekturinteressierten britischen Thronfolger Prinz Charles in seinem Buch «Die Zukunft unserer Städte» folgenden Satz schreiben: «In Städten wie Edinburgh wirken Gebäude wie einzelne Pinselstriche einer großartigen Komposition, denn hier haben alle Beteiligten die Grundregeln und Traditionen begriffen.»

Tatsächlich gehört die 440 000 Einwohner zählende Stadt mit ihren Gebäuden aus dem Spätmittelalter, Terrassen im klassizistischen Stil und grünen Vorstädten, umgeben von den Gewässern des Firth of Forth im Norden und den bis zu 600 Meter hohen Pentland Hills im Süden, zu den reizvollsten Metropolen Europas. Robert Louis Stevenson, Sohn der Stadt, wunderte sich 1878 sogar, dass «diese Fülle von Exzentrik, der Traum von Mauerwerk und lebendigem Gestein kein Szenenbild in einem Theater, sondern eine Stadt in ihrem Alltag ist».

Nimmt man den Begriff wörtlich, so ist der «Höhepunkt» der großartigen Komposition, von der Prinz Charles spricht, Edinburgh Castle, die alles überragende Burg, die schon in der Steinzeit eine Hügelfestung als Vorläuferin hatte. Im 7. Jahrhundert schließlich legte hier auf dem Vulkanfelsen Edwin, König von Northumbria, nach seinem Sieg über die Pikten eine Stadt an: Edwin's Burgh. Das klingt zwar historisch überzeugend; doch scheint der Name sich eher vom Gälischen abzuleiten, wo *edin* schlicht «Hang» bedeutet – also Stadt am Hang.

In der Folgezeit wurde das heutige charakteristische Wahrzeichen der Hauptstadt mal von den Engländern erobert, mal von den Schotten wieder eingenommen – ein einziges Hin und Her über die Jahrhunderte. Die längste Belagerung währte drei Jahre, als das Kastell von Sir Kirkcaldy of Grange, dem Widersacher Maria Stuarts, verteidigt wurde. Die kürzeste Eroberung gelang dem Earl of Moray, der 1313 das Fort mit lediglich 30 Gefolgsleuten bei Nacht und Nebel in einem Handstreich einnahm. So ist die Geschichte der Burg auch die Geschichte Schottlands.

Den Aufstieg zur Burg macht man am besten vom Lawn Market her, also aus östlicher Richtung. Man erreicht dann Castle Hill, den Burghügel, und dann über eine großzügig angelegte Esplanade, auf der jahrhundertelang bei Exekutionen die Köpfe rollten und Hexen verbrannt wurden (die letzte 1722), das Tor des Haupteingangs. Heute sind hier die stündlich stattfindenden Wachablösungen eine reizvolle und fotogene Touristenattraktion; auch wird hier beim Edinburgh Festival – mit über 2000 Veranstaltungen von Mitte August bis Anfang September – der Große Zapfenstreich (*Tattoo*) zelebriert, mit Dudelsackbläsern aus aller Welt. Von «Heritage Industry» ist die Rede, wo das kulturelle Erbe gekonnt zu Geld gemacht wird.

Der Zutritt zur Festung erfolgt über eine der wenigen in Schottland noch erhaltenen Zugbrücken. In die Mauer einge-

Bilder rechts und nächste Doppelseite
Edinburgh:
- **Blick vom Princess Gardens zum Castle**
- **oben auf dem Castle**

lassen wachen in Bronze die Statuen der Nationalhelden Schottlands: Wallace mit Schwert und Bruce mit Krone – hatte Ersterer gegen Ende des 13. Jahrhunderts die Unabhängigkeit des Landes von England eingeleitet, schlug der andere 1314 die Engländer und errichtete ein schottisches Königreich.

Das älteste Gebäude sowohl des Burgkomplexes als auch der ganzen Stadt ist – sogar noch unzerstört – St. Margaret's Chapel, eine Kapelle, die gegen 1090 die tief gläubige und später heilig gesprochene Königin Margaret («Pearl of Scotland») in frühnormannischem Baustil errichten ließ. Viele der baulichen Anlagen sind im 19. Jahrhundert rekonstruiert worden, so auch das doppeltorige Portcullis Gate von 1574, das unterhalb des ehemaligen Staatsgefängnisses (Argyll's oder Constable's Tower) liegt. Aus jenem Jahr datiert auch die Half Moon Battery, wo seit 1861 unter der Woche um 13 Uhr eine «Zeitkanone» (inzwischen vom Observatorium aus elektronisch) abgefeuert wird. Zum einen diente der Schuss den Bürgern einst als Zeitansage, zum andern den Kapitänen der Schiffe im Forth of Fife zum Justieren ihrer Chronometer.

Kinder im Kanonenrohr gezeugt?

Den höchsten Punkt der Burganlage bildet ein von allen Seiten umbauter Hof, wobei die Great Hall eine interessante Waffenausstellung darbietet. Unterhalb der Halle liegen die Kasematten mit den French Prisons, wo in der Zeit der napoleonischen Kriege gefangen genommene französische Soldaten aus Langeweile Schmuckdosen (und heimlich Falschgeld) herstellten.

Die Attraktion eines Rundgangs, bei dem die Display Rooms of the Royal Scots Dragoon Gards Einblick in die Geschichte des berühmten Regiments gewähren, sind die Krönungsinsignien, die mit Krone, Zepter, Staatsschwert und Kronjuwelen, den *Honours of Scotland*, in einer Vitrine ausgestellt sind. Bei der Union mit England von 1707 waren sie von Dunnottar Castle zurückgeholt worden, dann aber in Vergessenheit geraten. Kein Geringerer als der Schriftsteller Walter Scott aber war es, der die Regalien erst im Jahre 1818 in einer Eichentruhe wieder entdeckte, was sein ohnehin schon großes Ansehen bei den Schotten beträchtlich mehrte. Kein Burgbesuch jedoch ohne die Besichtigung von Mon's Meg! Die aus dem 15. Jahrhundert stammende Kanone steht auf der King's Bastion (oder Bomb Battery mit Namen), dem mit 135 Meter ü. d. M. höchsten Punkt der Festung. Mit dem enorm dicken Rohr konnten Kugeln von je 150 Kilogramm Gewicht 1600 Meter weit geschossen werden. In ihm sollen sogar Kinder gezeugt worden sein, was sich zwar originell anhört, aber doch eher ins Reich der Legenden verwiesen werden darf. Nötigte im Ersten Weltkrieg Krupps «Dicke Berta» selbst dem Gegner Anerkennung ab, so sprach auch Oliver Cromwell nach der Einnahme des Forts von «the great iron murderer called Muckle Meg». Ob die Monsterwaffe, «der große Eisenmörder», aus dem flandrischen Mons stammte oder in Edinburgh gegossen wurde, steht nicht fest.

Jedenfalls zerplatzte die Kanone, als mit ihr 1682 ein Salutschuss zu Ehren des Herzogs von York abgefeuert wurde. Heute ist sie beliebtes Subjekt der Kameraobjektive von annähernd einer Million Besuchern im Jahr und rangiert damit auf Platz zwei der Liste touristischer Ziele nach dem Tower in London. Sind die Besucher abends abgezogen und die mächtigen Tore geschlossen, wird die Burg wieder das, was sie schon vor 700 Jahren war: «A sad and solitary place.» – «Ein trauriger und einsamer Ort.» So jedenfalls äußerte sich damals Margaret, die mit dem schottischen König Alexander III. verehelicht war – er war zehn Jahre alt.

Es ist schwer zu sagen, was reizvoller ist: Die Ansicht der Burg von unten oder der Blick von ihr auf die großartige Silhouette der Stadt mit den Princes Street Gardens, der Princes Street, der Neustadt und dem Calton Hill, bei klarem Wetter bis hin zum Firth of Forth, der lang gezogenen Bucht.

Wer sich von Edinburgh Castle nun hinab zum Palast von Holyrood begibt, geht auf der Straße mit dem prachtvollsten Namen überhaupt: der Royal Mile. Als Daniel Defoe sie 1706 besuchte, nannte er sie «die vielleicht größte, längste und schönste Straße, was Gebäude und Einwohnerzahl angeht, nicht nur in Großbritannien, sondern in der Welt».

Die Königliche Meile – heute bestehend aus Castle Hill, Lawn Market, High Street und Canongate – muss man zu Fuß erleben. Hier erhebt sich das Wahrzeichen der Altstadt,

Schottlands berühmteste Kanone:
Mons Meg auf dem Edinburgh Castle

die Kathedrale St. Giles, die Hauptkirche Edinburghs. Obwohl noch heute als Kathedrale bezeichnet, war sie dies nur für kurze Zeit (von 1633 an), als in London die Stuarts regierten und Edinburgh zum Bischofssitz erhoben worden war. Die Spitze in Form einer Krone auf dem nur 60 Meter hohen Hauptturm verleiht der in gotischem Stil erbauten Kirche etwas Eigenwilliges, wenngleich sie sonst an Londons Westminsterabtei erinnert. Im Innern hat man die verschiedenen Fahnen schottischer Regimenter aufgehängt. Büsten und Denkmäler einstiger schottischer Prominenz sind hier zu finden, darunter die des Marquis of Argyll, des Marquis of Montrose und die des Regenten Moray, die allesamt hingerichtet wurden.

Engel mit Dudelsack und Kilt

Besonderer Prunk erwartet den Besucher in der Thistle Chapel von St. Giles. Die Distelkapelle ist den Angehörigen des höchsten und ältesten Ritterordens Schottlands vorbehalten, dem 1470 von König Jakob III. begründeten Most Ancient and Most Noble Order of the Thistle. Die Distel ist

Bilder nächste Doppelseite
Blick vom Outlook Tower in Edinburgh:
• in die Royal Mile
• auf das New College, erbaut 1846

Edinburgh
Tour

das Emblem des Landes, und im Wappen heißt es: «Nemo me impune lacessit.» – «Mich reize niemand ungestraft.» Schottischer gehts nimmer: Über dem Eingang zur Kapelle ist ein Engel dargestellt – mit Dudelsack und Kilt! Bei St. Giles sollte man den touristischen Grundsatz Fontanes einmal über Bord werfen, der ja lautete: «Berge von unten, Kirchen von außen, Kneipen von innen.»

Auf John Knox's House stößt man am östlichen Ende der High Street. In ihm starb der wortgewaltige Prediger 1572. Entgegen seiner Art richtete er, so heißt es, noch kurz vor seinem Ableben versöhnliche Töne an seine Gegner, indem er sagte: «Ich habe niemals die gehasst, gegen die ich gewettert habe.» Wer zum ersten Mal in die Stadt kommt, sollte sich auch einen Besuch des Aussichtsturms nicht entgehen lassen. Bei klarer Sicht wird in einem Dunkelraum (Camera obscura) die Ansicht Edinburghs und seiner Umgebung auf eine weiße Platte projiziert, so dass man sich einen raschen Überblick über die Lage und die bedeutendsten Sehenswürdigkeiten der Stadt verschaffen kann.

Kleine Gassen mit Hinterhöfen (Closes) gehen von der berühmten Meile ab, deren Häuser aus Raumnot nicht selten zehn Stockwerke erreichten. «Was für schaurige Gassen auf beiden Seiten der High Street», schrieb Dorothy Wordsworth, die Schwester des englischen Poeten, bei ihrem zweiten Schottlandbesuch 1822 in ihr Tagebuch, «besonders nach unten wie Stollen in Steinbrüchen dunkelfarbiger Felsen.» Heute lebt dort der gehobene Mittelstand (die *Fat Cats* sind lieber in den feinen Villengegenden der New Town unter sich), und die sich weltweit gleichenden Geschäfte der *Upper Ten* müssen horrende Mieten zahlen. Wo einst die Arbeiter darbten und unvorstellbare Armut zu Hause war, schlendern nun die Urlauber mit ihren Kreditkarten.

Viele Gebäude sind historisch interessant, so das Gladstone's Land, ein sechsstöckiges Haus aus dem 17. Jahrhundert am Lawn Market, der seinen Namen nach den Tuchhändlern der Stadt erhalten hatte. Es waren die ersten Hochhäuser in Europa, die allgemein «babylonische Türme» und von den Einwohnern selbst *Lands* genannt wurden, da sie trotz ihrer himmelhoch aufsteigenden Form noch auf der Erde standen. Ihre Errichtung geht auf die Zeit zurück, da Edinburgh von Mitte des 16. Jahrhunderts an innerhalb von 80 Jahren von 8000 auf 60 000 Einwohner anwuchs – eine unglaubliche Bevölkerungsexplosion innerhalb einer Gemeinde! Ebenfalls an dem heutigen Marktplatz steht das Lady Stair's House, das heute ein Museum zur Erinnerung an die bedeutendsten schottischen Literaten beherbergt: Scott, Burns und Stevenson.

Dr. Jeckyll and Mr. Hyde waren ein Bürger von Edinburgh

Eine der bekanntesten Romangestalten, die Robert Louis Stevenson hervorgebracht hat, war eine Person mit zwei Namen – jeder kennt sie: Dr. Jeckyll and Mr. Hyde. Es gab die Person tatsächlich, und sie war Bürger von Edinburgh. Als Stadtverordneter machte er tagsüber *bella figura*, während er sich nachts mit einigen Kumpanen auf Einbrüche verlegte und dabei reichlich Beute machte. Doch wurde er bei einem Überfall auf die Gemeindekasse in der Royal Mile gefasst und an jenem Galgen aufgeknüpft, den er in seiner Funktion als Ratsherr hatte verbessern lassen. Bei seiner Hinrichtung 1788 versuchte Deacon Brodie, so sein wirklicher Name, dem Genickbruch durch einen heimlich eingelegten Kragen aus Eisen zu entgehen – vergeblich.

Weitere berüchtigte Kriminelle der Stadt waren wiederum zwei Personen: Burke und Hare. Sie unterhielten eine Pension. Waren die Gäste Fremde, die durchreisten, so erstickten sie sie im Schlaf mit Kissen und verkauften die Leichen an die Doctores der Anatomie. «Halb Kapitale, halb Provinz», notierte Stevenson zu Recht über Edinburgh, «die ganze Stadt führt ein Doppelleben.»

Hat man nun die Königliche Meile hinter sich gebracht, so wird man schließlich der beeindruckenden Fassade von Holyrood Palace ansichtig. Die massigen Ecktürme, drei auf jeder Seite, werden von einem balustradengekrönten Trakt verbunden, in dessen Mitte sich das von dorischen Doppelsäulen gerahmte Portal befindet. Dieses ist mit einer reizvol-

Bild rechts
Kein Geisterfilmkulissenschloss ist der Palace of Holyroodhouse in Edinburgh. Er wirkt nur so

len Kuppel verziert und zeigt die Königskrone sowie die Jahreszahl 1680. Heute dient der Palast den Royals, den Windsors also, als Residenz bei Aufenthalten in Edinburgh. Schließlich muss sich nach dem Treaty of Union von 1707 die Königin wie jeder britische Monarch wenigstens ein Viertel des Jahres in Schottland aufhalten.

Die Gründung des Schlosses geht auf einen Jagdunfall im Jahr 1128 zurück. Ein Hirsch hatte den schottischen König David I., Sohn der später heilig gesprochenen Königin Margaret, bei einer – Christen am Sonntag verbotenen – Pirsch vom Pferd gestoßen. David aber ergriff beherzt das Tier beim Geweih – und hielt stattdessen ein Kreuz in Händen. In der Nacht darauf hatte er eine Vision, der zufolge er den Auftrag erhielt, eine Abtei für die geistlichen Herren zu errichten, die das Kreuz (*rood*) verehrten. Als dann Jakob IV. Edinburgh zur Hauptstadt Schottlands erhob, entstand aus dem Gästehaus des Klosters ein königlicher Palast. Doch statt das Kreuz weiter hochzuhalten, wurde viel Blut vergossen hier am Hofe.

Als 18-jährige Witwe von König Franz II. war Maria Stuart 1561 aus Frankreich zurückgekehrt, wo sie vier Jahre später ihren Vetter, den schottischen Regenten Lord Darnley, heiratete. Doch dessen Eifersucht auf ihren Privatsekretär und Geliebten, den Italiener David Riccio, mit dem sie Bücher las und geistliche Lieder sang, ließ den engstirnigen Darnley Mörder dingen, die über eine Geheimtreppe in die Gemächer der Königin eindrangen und Riccio mit 56 Messerstichen umbrachten. Für diese grausame Tat nahm sie aber erst Rache, als ihr Sohn geboren war (der 1603 als Jakob I. König von England und Schottland werden sollte). 1567 gab es eine Explosion in einem entfernter gelegenen Anwesen, und im dort angrenzenden Garten wurde ihr Gemahl gefunden, allerdings erwürgt.

Der europäische Adel war aufgebracht über den Königsmord. Ein aber noch größeres Entsetzen erfasste die Bevölkerung Schottlands, als Maria Stuart nicht nur keinen Beweis für ihre Unschuld am Tod des Gatten antrat, sondern darüber hinaus noch während der offiziellen Trauerzeit ihren engen Berater, Geliebten und mutmaßlichen Mörder ihres Mannes, den Earl of Bothwell, heiratete. «Verbrennt die Hure!», schrie das Volk in den Straßen Edinburghs. Nach Flucht, erzwungener Abdankung und fast 20-jähriger Einkerkerung wurde sie schließlich enthauptet.

Geburtshaus von Mendelssohn-Bartholdys Dritter

Es gibt aber auch Erfreuliches von Holyrood zu berichten. Da reiste ein deutscher Komponist, gerade mal 20 Jahre alt, 1829 nach Schottland. In einem Brief, den er nach Hause schrieb, heißt es: «In der tiefen Dämmerung gingen wir heut nach dem Palaste, wo Königin Maria gelebt und geliebet hat; es ist da ein kleines Zimmer zu sehen, mit einer Wendeltreppe an der Tür; da stiegen sie hinauf und fanden den Rizzio im kleinen Zimmer, zogen ihn heraus, und drei Stuben davon in eine finstere Ecke, wo sie ihn ermordet haben. Der Kapelle daneben fehlt nun das Dach, Gras und Efeu wachsen viel darin, und am zerbrochenen Altar wurde Maria zur Königin von Schottland gekrönt. Es ist da alles zerbrochen, morsch, und der heitere Himmel scheint hinein. Ich glaube, ich habe heut da den Anfang meiner Schottischen Symphonie gefunden ...» Es war die Geburtsstunde der 3. Sinfonie a-Moll von Felix Mendelssohn-Bartholdy. Allerdings ist der Anfang der «Schottischen» düster: Oboentöne geben den Gesamteindruck wieder, den der Tonsetzer von Edinburgh gehabt haben muss. Die Uraufführung fand 1842 im Leipziger Gewandhaus statt. Vor allem durch dieses Musikstück genoss Mendelssohn in England bald ähnliche Beliebtheit wie der ebenfalls aus Deutschland stammende Friedrich Händel, der jedoch sein Leben im Wesentlichen in London verbrachte.

Eine ganze Reihe widersprüchlicher Aussagen sind typisch für den Genius Loci. Noch heute ist Edinburgh eine gespaltene Metropole: Hier die Altstadt mit ihren beklemmend engen Closes, dort die elegante Neustadt mit ihren großzügig angelegten Plätzen. Und auch wenn sich die klassizistische New Town gibt wie eine erst jüngst entstandene Stadt – sie hat auch schon wieder 200 Jahre auf dem Buckel. Ihre Konzeption verdankt sie dem Architekten James Craig, der 1767 die Ausschreibung durch die Stadtväter gewann – mit 23 Jahren.

Monument des Anwalts, Sheriffs und Dichters Walter Scott in Edinburgh

Gruseltouren durch die Altstadt

Spuken wiederum tut es freilich nur in der Altstadt. Dort stehen die Spukhäuser, durch die Hexen, Gespenster und Elfen geistern und die dem Reisenden durch Geistertouren nahe gebracht werden. Die meisten dieser Gruseltouren starten nicht von ungefähr am Mercat Cross. Hier, am Castle Hill vor der Esplanade – damals noch eine Wiese –, und am Grassmarket befand sich die Hauptarena für die Edinburgher Großspektakel früherer Jahrhunderte. Wer damals in einem der hohen Gebäude wohnte, die den einem Amphitheater ähnlichen Platz umstanden, lud seine Freunde zum «Hangman's Day» ein, an dem der Henker gleich reihenweise seines Amtes waltete. Noch heute erinnern ein Kreuz im Straßenpflaster und der Name eines Pubs in der Nähe daran: «The Last Drop», wobei das Wirtshausschild das «o» im Namen als Schlinge eines Galgenstricks zeigt. «Deacon Brodie's Tavern» führt gar den gehenkten Dr. Jekyll in seinem Aushängeschild – heute sind beide Lokale beliebte Zufluchtsorte bei den häufigen Regengüssen. Während der Dichter Robert Burns hier mit dem «White Hart Inn» seine Lieblingskneipe hatte, mochte Theodor Fontane den Platz nicht: «Die Lokalität ist allerdings wie geschaffen für allerhand lichtscheue Untat ...» Doch trinken die Schotten ihr Pint am liebsten nun mal in richtigen Spelunken.

Die Sensationslust konnte damals aber auch gestillt werden, indem man am Netherbow-Tor in das Antlitz eines aufgespießten Kopfes blickte oder sich an den Qualen eines Delinquenten weidete, der an die Tür eines Hauses genagelt war, das am heutigen Platz der Tron-Kirche stand. Die Gegend ist also nicht ohne nostalgischen Reiz.

Gottlob sind es heute nicht mehr die schaurigen Strafaktionen, die einen in Edinburgh schlottern lassen, sondern nur noch die kalten Winde. Auch sind von den Schauern, die einem damals den Rücken runterliefen, lediglich die Niederschläge geblieben. «Der Wind pfeift durch die Stadt, als wäre sie ein offenes Feld», schimpfte schon Robert Louis Stevenson, dem wegen seines Tuberkuloseleidens das Klima seiner sonst doch geliebten Heimatstadt nicht gerade zuträglich war, «und wenn du die ganze Nacht wach liegst, hörst du ihn über dir heulen und toben mit dem Getöse von Schiffbrüchen und einstürzenden Häusern.» Und überhaupt: «Das Wetter ist nasskalt und stürmisch im Winter, unbeständig und rau im Sommer und geradezu ein meteorologisches Fegefeuer im Frühling. Die Schwachen sterben früh, und ich, Überlebender zwischen kalten Winden und klatschendem Regen, bin manchmal versucht, sie um ihr Schicksal zu beneiden.»

Das brauchte er aber nicht: Mit nur 44 Jahren starb er in der Südsee (wo seine «Schatzinsel» spielt), von deren warmsanfter Luft er sich eine Linderung seiner Krankheit versprochen hatte. Doch war es ein Schlaganfall, der ihn dahinraffte. «Under the wide and starry sky / Dig the grave and let me die», lautet der Vers auf seinem Grab, den er zehn Jahre vor seinem Tod geschrieben hatte.

So, wie sich Felix Mendelssohn-Bartholdy von der Düsterkeit der Stadt angezogen fühlte, mochte auch Johanna Schopenhauer Edinburgh: «... auf grauen Felsen steigen graue, acht Stock hohe Felsenhäuser in die Luft, phantastisch schnörkelt sich, einer silbergrauen Brautkrone nicht unähnlich, der Turm von St. Giles über die Häuser empor, und gemeinschaftlich über dem Ganzen liegt jener graue Nebelschleier, der den Zauber dieser nordischen Schönheitsstadt vollendet ...»

Glasgow – vom «liebenswerten grünen Ort» zum Wirtschaftszentrum

Der zwar romantische, aber auch scharfsinnig-analytische Reiseschriftsteller H. V. Morton schrieb schon vor 70 Jahren, was heute noch Gültigkeit hat, nämlich «dass Edinburgh eine schottische Stadt, Glasgow aber eine Weltstadt» ist, und er registrierte «eine transatlantische Wachsamkeit Glasgows, die sonst keine englische Stadt besitzt». Die Entwicklung zum wirtschaftlichen Mittelpunkt Schottlands setzte schon in der zweiten Hälfte des 18. Jahrhunderts ein, als die Handelsbeziehungen mit den nordamerikanischen Kolonien – vor allem im Tabak- und Baumwollhandel – ausgebaut wurden. Der entscheidende Schritt war die Ausbaggerung des River Clyde, um den von Übersee kommenden Schiffen den Zugang zum Hafen von Glasgow zu erleichtern. Hinzu kamen die Eisenerzvorkommen im Hinterland der Stadt, als man dazu überging, Schiffe statt aus Holz aus Eisen zu bauen.

Mitte des 19. Jahrhunderts wurde so gut wie die Hälfte aller europäischen Handelsschiffe am Clyde in Glasgow vom Stapel gelassen: «Clydeside built» hatte damals als Markenzeichen einen Stellenwert wie später das erfolgreiche «Made in Germany», ein Slogan, der, von Großbritannien lanciert, vom Kauf deutscher Waren abhalten sollte und zum Bumerang wurde. Wesentlich zum kometenhaften industriellen Aufschwung der Stadt trug freilich auch die Erfindung der modernen Dampfmaschine durch James Watt bei.

Zu seiner Zeit (1660–1731) hatte Daniel Defoe Glasgow noch als die «sauberste, schönste und am besten gebaute Stadt Großbritanniens» charakterisiert. Das sollte sich jedoch mit der industriellen Revolution schnell ändern. Die Schifffahrt sowie die Verarbeitung von Stahl, Kohle und Baumwolle führten im 19. Jahrhundert zu einer unglaublichen Bevölkerungsexplosion (eine Verfünffachung in 50 Jahren) und, wie sollte es anders sein, ins Elend für ungezählte *Have-nots*. Zu Tausenden kamen sie, um ihr Glück zu machen, die Bauern aus dem Hochland, ja selbst Handwerker aus Irland. Doch sie landeten letztlich in den Slums, in abstoßenden Gegenden. Armut war allerdings damals schon typisch für die ganze Gegend um Glasgow. In seiner Schilderung der «Lage der arbeitenden Klassen in England» von 1845 zitiert Friedrich Engels einen Beitrag der damaligen Monatsschrift «Artizan», in dem berichtet wird, dass die Arbeiterviertel «in Elend und Scheußlichkeit die niedrigsten Schlupfwinkel von St. Giles und Whitechapel, die Liberties von Dublin, die Wynds von Edinburgh übertreffen.

Solche Gegenden gibt es in Menge im Herzen der Stadt – südlich von Trongate, westlich vom Salzmarkt, im Calton, seitwärts von der Hochstraße usw. – endlose Labyrinthe enger Gassen oder Wynds, in welche fast bei jedem Schritt Höfe oder Sackgassen münden, die von alten, schlecht ventilierten, hochgetürmten, wasserlosen und verfallenen Häusern gebildet werden. Diese Häuser sind förmlich voll gedrängt von Einwohnern; sie enthalten drei oder vier Familien – vielleicht 20 Personen – auf jedem Stockwerke, und zuweilen ist jedes Stockwerk in Schlafstellen vermietet, so dass 15 bis 20 Personen in einem einzigen Zimmer aufeinander gepackt, wir mögen nicht sagen untergebracht sind. Diese Distrikte beherbergen die ärmsten (...) und wertlosesten Mitglieder der Bevölkerung und sind als die Quellen jener furchtbaren Fieberepidemien zu betrachten, die von hier aus Verwüstung über ganz Glasgow verbreiten ...»

Die Schilderung deckt sich mit dem, was zur selben Zeit, nämlich 1839, ein anderer Besucher der Stadt notierte: «Bevor ich die Gassen von Glasgow besuchte, habe ich nicht für möglich gehalten, dass es ein derartiges Ausmaß von Schmutz, Verbrechen, Elend und Krankheit auf einem einzigen Fleck in irgendeinem zivilisierten Land geben könnte ... In den unteren Etagen schlafen zwölf, manchmal 20 Personen beiderlei Geschlechts und jeden Alters durcheinander

Glasgow: Ross und Reiter «behelmt» vor der Gallery of Modern Art

Vor einem berühmten Glasgower Pub: rege berührter Schotte

auf dem Boden in verschiedenen Graden der Nacktheit. Diese Orte sind, was Schmutz, Feuchtigkeit und Verfall angeht, in einem solchen Zustand, dass kein Mensch mit normaler Tierliebe sein Pferd dort unterbringen würde.»

Gegen ihre Lebensbedingungen begannen die Bergleute und Industriearbeiter am «Red Clyde», wie die Stadt wegen der linksradikalen Tendenzen der Arbeitnehmer nun genannt wurde, aufzubegehren, so dass der Russe Lenin hoffnungsvoll meinte, die Revolution in Großbritannien würde in Glasgow beginnen. Doch blieben die großen gewalttätigen Auseinandersetzungen aus. Ausschreitungen gab es nur bei den rivalisierenden Anhängern der berühmten Fußballklubs Glasgow Celtics und Glasgow Rangers sowie bei sich bekämpfenden Streetgangs von Protestanten und Katholiken. Vielmehr wurden Gewerkschaften, die schottische Labour Party und die ersten britischen Betriebsräte ins Leben gerufen – Institutionen, die ihren Forderungen eher mit Besonnenheit Nachdruck verliehen.

Trotz aller Hässlichkeit wurde und wird die Kapitale von Kapitalismus und Kommerz von ihren Bewohnern geliebt:

I belong to Glasgow, dear old Glasgow town,
But there's something the matter with Glasgow,
for it's going roun' and roun'.
I'am only a common old working man,
as anyone here can see,
But when I get a couple of drinks on a Saturday,
Glasgow belongs to me.

Edinburgh ist die Kapitale, aber Glasgow hat das Kapital, lautet der Kalauer zum Unterschied zwischen den beiden Städten, was sich im Englischen mit dem gleich lautenden Wort *capital* natürlich noch besser anhört. Auffallend ist die Freundlichkeit der *Glaswegians*. So will auch die Stadt mit dem Slogan «The friendly City» Fremde anziehen. Der englische Schriftsteller Ian Nairn sah in «Glasgow von Großbritanniens Städten zweifellos die freundlichste und vermutlich auch die ehrwürdigste und einheitlichste». Bekannt sind die Bewohner auch für ihren Humor, der sich in jenen Zeiten der bittersten Armut auch als schwarzer oder Galgenhumor einstellte, um Tränen nicht aufkommen zu lassen.

Ein freundliches Wesen sollte sich auch auf das Äußere übertragen lassen, meinten die Stadtväter. Nachdem die Europäische Gemeinschaft das Eastend der Stadt als die schlimmste westeuropäische Wohngegend eingestuft hatte, begannen sie in den Achtzigerjahren, das Image der mit 740 000 Einwohnern größten Metropole Schottlands aufzupolieren. Tausende von Bauwerken wurden unter Denkmalschutz gestellt, leer stehende Speicher zu funktionalen Gebäuden umgerüstet, jahrhundertealte Fassaden zum ersten Mal gereinigt, und Slumviertel zum Teil durch Neubauten ersetzt – Facelifting total! Die Sanierung zeigte Wirkung: Glasgows neue Attraktivität zog viele Firmen im Dienstleistungs-, Mode- und High-Tech-Bereich von außerhalb an, und 1990, wie ein Phönix aus der Asche aufgestiegen, erhielt es sogar das Prädikat «Kulturstadt Europas» zugesprochen. Neun Millionen neugierige Besucher, darunter vier Millionen aus Übersee, zog es in jenem Jahr in das einstige Symbol urbaner Scheußlichkeit, wodurch 250 Millionen Pfund in den Stadtsäckel flossen. «Glasgow's Miles Better», hieß es nun – «Glasgow ist immer ein paar Meilen voraus». Witzbolde lesen in dem Satz aber auch «Glasgow smiles better», was nach der Putzorgie an den gründerzeitlichen Prachtfassaden gar nicht mal so verkehrt ist.

Förderung erfuhren nun auch Kunst und Kultur. So wurde das Theatre Royal zu einem Mehrzwecktheater umgebaut, während sich Konkurrent Edinburgh seit Jahrzehnten mit dem Bau eines neuen Opernhauses Zeit lässt. Allerdings ist Edinburgh, was Qualität und Anzahl der Sehenswürdigkeiten anbelangt, nicht zu schlagen. Schon Dorothy Wordsworth vertraute 1822 ihrem Tagebuch an: «Quick walkers and busy streets, characteristic of a commercial town. Glasgow finer than any town I have seen in England except Oxford; but Edinburgh is the King and the Queen of Scotland.»

Doch gibt es auch in Glasgow Herausragendes zu besichtigen. So sind etwa die Loggia aus Marmor (aus Brescia und Carrara), italienischem Alabaster und schottischem Granit sowie der Treppenaufgang im Rathaus, den City Chambers, mit seinem italienischen Renaissancestil von besonderer Schönheit. Es wurde 1888 von Königin Viktoria eingeweiht und besteht aus zehn Millionen Ziegelsteinen.

Das Gebäude steht am George Square, dem nach König Georg III. benannten Platz, der einer der Handelsmittelpunkte der Stadt ist, weshalb sich hier, im Merchant's House, auch die Handelskammer befindet. Eine Reihe verschiedener Persönlichkeiten zieren als Statuen die weite Fläche, überragt jedoch von der 24 Meter hohen Säule mit dem Standbild des Schriftstellers Sir Walter Scott. Als König Eduard VII. all die Denkmäler auf dem George Square betrachtete, fragte er einen Begleiter: «Was für ein Friedhof ist das denn?» Einen Blick wert sind auch die Charing Cross Mansions, ein ungewöhnliches, fast kurios wirkendes Wohnhaus, das 1891 von dem damaligen Stararchitekten John James Burnet in einem an die französische Renaissance anlehnenden, aber eher überbordenden Baustil errichtet wurde.

Der bedeutendste Architekt der Stadt aber war Charles Rennie Mackintosh. Mit einer Kombination von Art déco und Jugendstil enthronte er die bis dahin allein gültige viktorianische Architektur. Als Zweites von elf Kindern eines Polizeibeamten in Glasgow geboren, erregte der damals erst 28-Jährige 1896 mit seinem ersten größeren Entwurf Aufsehen: dem Plan zum Bau der Kunstakademie. 1909 wurde seine School of Art errichtet. «Anfang eines Durchbruchs»,

Bilder rechts und nächste Doppelseite
Glasgow, Schottlands größte Stadt:
• Irgendwie erinnern die Säulen in Glasgows Kathedrale an Schottenstoffmuster
• kein Palast, aber eine Teppichfabrik (Templeton's); am George Square; beim Central Station

FOR EVERMORE

CENTRAL STATION

schwärmte Walter Gropius. Anerkennung erhielt er jedoch zunächst eher aus dem Ausland; auch waren die künftigen Auftraggeber nicht die öffentliche Hand, sondern Privatleute. Zu ihnen gehörte Miss Catherine Cranston, die den Teegenuss in der Stadt in kultivierterem Rahmen als bis dahin zelebriert sehen wollte. Und so entwarf Mackintosh in den Jahren von 1897 bis 1911 eine Teestube nach der anderen. Das Design für die Inneneinrichtung lieferte er gleich mit – vom Tisch bis zur Speisekarte. Die Willow Tea Rooms von 1904 in Sauchiehall Street No. 217 waren das Aushängeschild, und sind heute das letzte noch erhaltene Lokal. «Noch aus dem Höllenfeuer hätte er einen faszinierenden Entwurf zu machen verstanden», hieß es aus beredtem Munde.

Nach seinen Entwürfen entstanden die Queen's Cross Church, die Scotland Street School, das Warenhaus McGeoch's sowie Verlagsgebäude und Wohnhäuser. Für die von ihm entworfenen Möbel erhielt Mackintosh einen eigenen Pavillon auf der Secessions-Ausstellung in Wien 1900. Der Maler Friedrich Ahlers-Hestermann war begeistert: «Hier fanden wir die eigenartige Mischung von puritanisch strengen, zweckdienlichen Formen und einer poetischen Sublimierung des Praktischen.» Und: «Die Räume glichen Träumen, überall waren schmale Täfelungen, graue Seiden, die zartesten, aufstrebenden Holzsäulen ... Die Faszination, die von den Proportionen ausging, der aristokratische Schwung und die Sicherheit, mit der ein Stück Email, ein farbiges Glas oder ein schmiedeeisernes Objekt angeordnet waren, entzückt alle Künstler.» Fazit: «Hier verbinden sich Mystizismus und Ästhetizismus mit einem starken Fliedergeruch, dem Gefühl gepflegter Hände und einer zarten Sinnlichkeit. Als Gegensatz zur Üppigkeit der vorausgegangenen Zeit standen in einem Raum nichts als zwei Stühle, mit Rückenlehnen, die so hoch waren wie ein Mensch; sie standen auf einem weißen Teppich und sahen sich, über einen schlanken Tisch hinweg, schweigend, wie Gespenster an.»

Trotz seiner erfolgreichen Ausstellungen in Turin, München und Moskau entzogen ihm die Konservativen seiner Heimatstadt die Unterstützung, jedoch eher aus politischen Gründen: Die Labour Party hatte Zulauf, und so wollten die vermögenden Entscheidungsträger Veränderungen nicht hinnehmen, um ihren Wohlstand nicht in Gefahr zu bringen, auch nicht im Bausektor. Mackintosh warf das Handtuch und zog 1914 nach London, wo er nun Blumen- und Landschaftsaquarelle schuf – und soff. Verarmt und in Vergessenheit geraten, starb er 1928 an Zungenkrebs. Sein Nachlass einschließlich der Bilder und Zeichnungen wurde nach dem Tod seiner Frau 1933 auf läppische 90 Pfund geschätzt; doch erwarb das Glasgower Museum ein Schreibkabinett des Künstlers 1979 für 250 000 Mark, das es 1933 selbst für 100 Mark verhökert hatte. Wer Beispiele seiner Designkunst sehen möchte, findet sie am Gilmorehill im Mackintosh House in der Huntarian Art Gallery der University of Glasgow.

«Liebenswerter grüner Ort» soll der Name Glasgow im Ursprung bedeutet haben. Meint das städtische Werbebüro, klingt ja auch gut. Dabei führt die Wissenschaft den Namen auf das Keltische zurück, in dem es «lieber Fluss» oder «Windhund», Spitzname des Schutzheiligen Mungo, bedeutet habe. Immerhin träfe das Grüne ins Schwarze: Über mehr als 70 Parks verfügt die Stadt. Darunter befindet sich mit dem Glasgow Green der älteste Park ganz Großbritanniens. 1662 von der Stadt erworben, darf nach verbrieftem Recht jeder Bürger auf diesem Terrain seine Wäsche trocknen, wofür noch heute Masten für die Wäscheleinen zur Verfügung stehen. Doch tut es keiner mehr – Trockner und Diebe sind schneller.

Einen Park der besonderen Art stellen die Royal Botanic Gardens dar, in deren Gewächshäusern selten vorkommende Pflanzen aus subtropischen Gegenden, aber auch Baumfarne und Orchideen zu bewundern sind. Wer sich einen schönen Blick auf Glasgow verschaffen will, besteige den 95 Meter hohen Turm der Universität, die vom Botanischen Garten nicht weit entfernt ist. Ihre Gründung geht auf das 15. Jahrhundert zurück, als Papst Nikolaus V. auf eine Petition König Jakobs II. den Bischof von Glasgow, William Turnbull, ermächtigte, die Akademie ins Leben zu rufen. Offenbar durfte damals eine solche Ausbildungsstätte nur gegründet werden, wenn die Lebensbedingungen für Lehr-

Bild rechts
Farnhaus in Glasgows Royal Botanic Gardens

**Geniale Konstruktion über den Forth:
die erste große Stahl-Hängebrücke der Welt, eröffnet 1890**

körper und Studenten hinreichend sichergestellt waren, denn Seine Heiligkeit bezeichnete Glasgow als einen Ort, der über «Ruf und Ansehen, milde Luft, reichlich Lebensmittel und eine Menge anderer Dinge verfügt, die der Mensch zu seinem Wohlbefinden benötigt». Erste Vorlesungen gab es übrigens in der Krypta der Kathedrale Glasgows, die im 13. Jahrhundert erbaut worden war und das älteste Gebäude der Stadt ist. Adam Smith, der Begründer der klassischen Nationalökonomie, studierte hier («die glücklichste Zeit meines Lebens»), lehrte bis 1764 Logik und Moralphilosophie und wurde 1784 Rektor der Universität. In der gotischen Kathedrale befinden sich die Gebeine des heiligen Mungo, des lokalen Schutzpatrons, und hinter ihm liegt die Western Necropolis, ein Friedhof mit den Grabstätten vieler lokaler Größen.

Nordöstlich von Glasgow liegt mit der Stadt Stirling das «Tor zum Hochland». Das Tor selbst war eine Brücke, die zuerst aus Holz bestand, um 1400 dann aus Stein erbaut wurde und noch erhalten ist. Sie führte an einer seichten Stelle über den Forth, wodurch der Norden leicht erreicht werden konnte und The Old Bridge von strategischer Bedeutung war.

Stirling – das Herz von Schottland

Gesichert war die Passage am «Ort des Streites», so die Bedeutung des Stadtnamens, durch eine Festung, die sich auf einem 75 Meter hohen Vulkanfelsen erhob. In den Unabhängigkeitskriegen im 13. und 14. Jahrhundert war sie mal in englischem Besitz (mit König Eduard I., dem «Hammer der Schotten»), mal in schottischer Hand (durch William Wallace und Robert the Bruce). Beim ersten Burgtor stößt man auf ein mächtiges Standbild von Bruce, der, zum nahe gelegenen Schlachtfeld nach Bannockburn blickend, als Sieger sein Schwert in die Scheide steckt. In diesem Palast verbrachte die mit neun Monaten zur Königin gekrönte Maria Stuart ihre Kindheit, später auch ihr Sohn.

Im Jahre 1803 blickte Johanna Schopenhauer vom Burgberg hinab auf die Landschaft: «Ein breites fruchtbares Tal lag vor uns in aller Pracht der höchsten Kultur, der üppigsten Vegetation, mit einzelnen Wohnungen, Dörfern, stattlichen Bäumen wie besät. Der Fluss Forth windet sich hindurch in so mannigfaltigen Krümmungen und Schlangenwindungen, wie wir es noch nie sahen; bald geht er vorwärts, bald kehrt er auf lange Strecken zurück und windet sich dann wieder zögernd weiter, es ist, als sträube er sich, dies Paradies zu verlassen.» Nicht weit entfernt erhebt sich im Westen die romantische Gebirgskulisse der Trossachs, was «hartes, struppiges» Land bedeutet. Der Naturfreund sollte sich den Landstrich zwischen Loch Lomond, Loch Katrine und Loch Venachar mitsamt dem Queen Elizabeth Forest Park nicht entgehen lassen. 1803 reisten zwei Dichter der englischen Hochromantik durch das Gebiet, William Wordsworth und Samuel Taylor Coleridge, begleitet von Wordsworths Schwester Dorothy, die die Stimmung festhielt: «Hier war es absolut einsam, und alles, was wir erblickten, waren Lieblichkeit und Schönheit in Perfektion.»

«Das Fräulein vom See», eine 1810 von Walter Scott verfasste Versromanze spielte vor diesem landschaftlich grandiosen Hintergrund, und wer gut Englisch spricht, liest «The Lady of the Lake» am besten im Original oder liest sie in deutscher Prosa, nacherzählt in «Jenseits des Tweed» von Fontane. Für ihn waren die Trossachs «eine Sehenswürdigkeit par excellence» und «unbedenklich ein glänzender Punkt», ferner «ein Pass, eine Schlucht, ein Hohlweg, der sich an einem Flüsschen entlang, zwischen den zwei Felsmassen des Ben An und Ben Venue hinzieht, die wie Wächter neben dem Loch Katrine stehen und, ihre Häupter in seinem Wasser spiegelnd, ihre breiten Rücken, bis zum Loch Achray hin, zurückstrecken.» Und: «Die Höhe dieser Bergwand ist sehr bedeutend, und die reichen Waldungen, die sie bis zur höchsten Spitze schmücken, tragen nicht wenig zur Schönheit des Bildes bei. Schichtenweise wechselt die Vegetation, und während Birken und Espen die Schlucht fast überdecken, grüßt von der Mitte des Berges her ein Eichenwald, aus dessen grünen Kronen allmählich die schwarzen Tannen aufschießen, um bis zur Höhe des Berges emporzuwachsen.»

Nördlich der Trossachs liegt der Loch Tay, zwischen dem 1214 Meter hohen Ben Lawers und dem Ort Aberfeldy: ein ideales Gebiet für Ausflüge und Wanderungen.

Wie eine Wog' die Böschung jäh sich bäumt,
Der starke Strom laut donnernd schäumt.
Weit übers Buschwerk neigen sich verträumt
Die Aberfeldy-Birken.

So lautet ein Vers von Burns, der ihm auf dem Weg zu den Wasserfällen von Moness in den Sinn kam. Kein Wunder, dass sich die reichen Adligen hier ihre Paläste hinsetzten, Taymouth Castle als glänzendstes Beispiel. Und sie konnten es sich leisten; die Abgaben der geknechteten Pächter ließen sie in Saus und Braus leben. Wie eingeschränkt dagegen ihre Fronsknechte dahinvegetierten, lässt sich kaum beschreiben. Johanna Schopenhauer hat es 1803 dennoch versucht: «Die Häuser sind wohl die schlechtesten menschlichen Wohnungen im kultivierten Europa, so enge, dass man nicht begreift, wie eine Familie darin Platz findet, aus rauen Steinen zusammengetragen, deren Fugen mit Moos und Lehmerde verstopft sind, Türen aus Brettern schlecht zusammengeschlagen, ohne Schloss und Riegel (denn wer sollte hier Diebe fürchten?), Fenster so klein, dass man sie kaum bemerkt, oft sogar ohne Glas, die niedrigen Dächer von Schilf, Moos, Rasen, bisweilen aus Holz oder Schiefer, wie es eben die Gelegenheit darbot. Das Innere dieser Hütten entspricht dem Äußeren. Hier sieht man deutlich bei dem fast gänzlichen Mangel allen Hausgeräts, wie wenig der Mensch zum Leben eigentlich braucht. Einige Schemel um den großen Kamin, der zugleich als Küchenherde dient, und in der Ecke ein Lager von Moos oder Stroh, das ist alles, was diese von aller Weichlichkeit entfernten Menschen zu ihrer Bequemlichkeit haben.» Die Steinzeitmenschen von Skara Brae auf den Orkney-Inseln haben vor 4000 Jahren kaum anders gehaust.

Bild nächste Doppelseite
Östlich von Stirling: Abendpanorama am Loch Lomond, Großbritanniens größtem See

Die Highlands – Landschaft der Stille

Wer die Central Highlands durchquert, trifft das typische Schottland an: Die Burgen der Clans und die Whiskybrennereien. Von Ost nach West steigen die Berge an, von Meereshöhe auf 1200 Meter. An den Küsten im Osten, vor allem aber im Westen ist die Zahl der Inseln und Halbinseln Legion. «An der Westküste tobt der Kampf seit Jahrtausenden», schrieb Fontane. «Das bloße Anbranden des Atlantischen Ozeans ist ein steter Versuch zum Sturm, Feind steht hier gegen Feind, rastlos greifen die Wellen an, um Breschen in die Mauer zu legen, als lebte immer noch die Hoffnung in ihnen, die alte Felsenburg niederbrechen zu können. Aber ewig unbezwungen steht diese da; an Hunderten von Inseln und Halbinseln, die einen von Granit, die anderen von Basalt, wie Wellenbrecher weit ins Meer hineinstreckend, bricht sich die Macht des Ozeans in jenen hundert Einzelkämpfern ...»

Perth – «die heitere Stadt»

Geschützter vor den Stürmen der Nordsee liegt – im Süden der Region – im Firth of Tay das Städtchen Perth, dem man es nicht mehr ansieht, dass es einmal über hundert Jahre lang (bis 1482) die Hauptstadt Schottlands war. Viele historische Gebäude hat man abgerissen und moderne Bauten hingestellt – aber auch den königlichen Palast sucht man vergebens. Der Grund: Es hat nie einen gegeben. Wenn die Regenten Schottlands nach Perth kamen, bot ihnen die örtliche Zisterzienserabtei Logis.

Einen hübschen Blick auf die Stadt und ihre Umgebung hat man vom Kinnoul Hill aus, von wo man auch die grüne Küstenlandschaft des Carse of Gowrie erkennt, bekannt für den Anbau der Früchte, die die Marmeladenhersteller im nicht weit entfernten Dundee verwenden. Im Norden erblickt man die Gipfel der Grampians: Beinn Dearg, Cairn Toul, Ban Macdhui – ein majestätisches Bild. Es ist die Landschaft, in der Walter Scott, der Perth als «fair city», als «heitere Stadt» bezeichnete, literarisch zu Hause war.

Scone – der zweifache Diebstahl des Steinernen Stuhls

Drei Kilometer nördlich der Stadt steht Scone Palace, wo in der Augustinerabtei von Scone über Jahrhunderte die schottischen Könige gekrönt wurden – auf einem Sessel aus Stein. Shakespeare lässt in «Macbeth» Malcolm nach seinem Sieg über den Titelhelden sagen: «Und jetzt zur Krönung lad' ich euch nach Scone.» Doch raubte 1296 König Eduard der Bekenner den traditionsreichen Steinernen Stuhl und ließ ihn in den Krönungssessel in der Westminsterabtei in London einbauen, wo er jedoch in der Weihnachtsnacht 1950 von schottischen Nationalisten gestohlen wurde. Wo er sich heu-

Bilder rechts und nächste Doppelseite
Northern Highlands:
Bei Durness fasziniert die Kalksteinhöhle Smoo Cave

übernächste Doppelseite
Northwestern Highlands:
- **am Loch Assynt**
- **Blick vom Loch Inver zum Ben Suilven**

Doppelseite 72/73
Northwestern Highlands:
- **Farbenparadies im Calbha Mor**
- **Einsamkeit im Quinag-Massiv**

te befindet, weiß man nicht genau – angeblich vergittert in der St.-Columbans-Kirche in Dundee.

«Das Land ist weit und breit dick bewachsen und belaubt», notierte Felix Mendelssohn-Bartholdy, «von allen Seiten stürzen reiche Wasser unter den Brücken vor, wenig Korn, viel Heide mit braunen und roten Blumen, Schluchten, Pässe, Kreuzwege, schönes Grün überall, tiefblaues Wasser, aber alles ist ernst, dunkel sehr einsam.»

Nur wenige Meilen von Perth und Scone entfernt, befindet sich eine alte Hafenstadt an der Atlantikküste: Dundee.

Dundee – vom Gewitter auf See zum Geistesblitz

Dundee ist quasi das Synonym für Dundee Bitter Orange Marmelade. Der – schönen, wie sie meistens sind – Legende zufolge suchte zu Beginn des 18. Jahrhunderts ein spanischer Großmastsegler mit einer Ladung der typisch bitteren Orangen aus Sevilla im Hafen von Dundee Zuflucht vor einem gewittrigen Sturm. Der ortsansässige Händler James Keiller erstand die vom Kapitän angebotenen Früchte, die nun zu verfaulen drohten, musste aber bald feststellen, dass die Kundschaft sie zu bitter fand. Da kam seine schlaue Ehefrau Janet auf die Idee, sie zusammen mit Zitronen zu einer Marmelade zu verkochen – ein weltweit beliebtes Produkt war kreiert! Aus jener Zeit datiert auch die Herstellung der Lebkuchenherzen, Pralinen und Süßigkeiten. Einen Namen über Schottlands Grenzen hinaus machte sich auch der *Dundee Cake*, der vom Geschmack her unserem Rosinenkuchen ähnelt. Für Charles Dickens hatten die Bewohner der Stadt «den stärksten Willen und den stärksten Punch».

An Dundees ehrwürdiger Grammar School drückten einst der schottische Nationalheld William Wallace sowie der Historiker Hector Boece die Schulbank. Letzterer gab den Bergmassiven der Grampians im Norden der Region den Namen. Doch hatte er falsch gelesen: Als Mons Graupius hatte Tacitus die Gebirgskette bezeichnet, die er erwähnte, weil dort der Feldherr Agricola 84 n. Chr. die Pikten besiegt hatte.

Berühmte Schiffe sind einst von den Werften der Stadt vom Stapel gelaufen, so die für Nordpolexpeditionen eingesetzten Forschungsschiffe *Terra Nova* von Shackleton und *Discovery* von Captain Scott, mit der dieser seine Antarktisexpedition (1901–1904) unternahm. Auch die *Unicorn* – mit dem Einhorn als Galionsfigur – wurde hier zu Beginn des 19. Jahrhunderts gebaut, das älteste aus Holz erbaute und noch erhaltene Kriegsschiff der britischen Marine (von 1824) – zu besichtigen im Victoria Dock. Wer ein Faible für alte Friedhöfe hat, sollte The Howff aufsuchen, wo einem Inschriften auf merkwürdig geformten Grabsteinen oft Rätsel aufgeben (zwischen Bank Street und Meadowside).

Viel ist sonst nicht geblieben vom alten Dundee. So gut wie nie zählte die Stadt bei Angriffen zu den Siegern, und das seit dem 11. Jahrhundert. «Es wurde wohl keine schottische Stadt so oft geschleift, geplündert und zerstört wie Dundee», notierte ein Geschichtsschreiber vor 250 Jahren. Auch wurde reichlich selbst Hand angelegt: Noch in den Dreißigerjahren des 20. Jahrhunderts riss man das hübsche Rathaus aus dem 17. Jahrhundert ab, das einem wenig ansehnlichen Konzertgebäude (Caird Hall) Platz machen musste.

St. Andrews – «Golf ist mehr als Überleben»

Nicht in Dundee, vielmehr in der näheren Umgebung wird sich besonders der passionierte Golfer länger einquartieren, der im nur wenige Kilometer entfernten St. Andrews sein Paradies findet: Old Course «The Links». Hier nahm das Spiel seinen Anfang – 1457 erstmals erwähnt, als man die Greens noch von Schafen *cutten* ließ. Nach Schottland musste es ausweichen, weil König Jakob II. sich durch

Bilder rechts und nächste Doppelseite
Fischerdorf Crail bei St. Andrews:
Dorfidylle und handwerkliche Fischerei

übernächste Doppelseite
Schottische Dämmerung mit den
Turmruinen von St. Andrews

BU36
KY 908

KY.
990

LOBSTER
COOKED WHILE
YOU WAIT
ALSO
DRESSED CRAB

Golf und Football von seinen Übungen im Bogenschießen abgelenkt fühlte.

Der erste Klub war die Society of St. Andrews Golfers, gegründet 1754 von 22 «Noblemen and Gentlemen of Fife» – der Region Fife. Bereits 300 Mitglieder hatte 1830 der 13 Jahre zuvor ins Leben gerufene Thistle Golf Club. Der Sport mit dem weißen Ball wurde immer vornehmer: Der Royal & Ancient Golf Club of St. Andrews etablierte sich 1854, und neun Jahre später saß ihm His Royal Highness, der Prince of Wales, als Präsident vor. Dabei hatte alles so banal angefangen. Wenn die Legende stimmt, hat ein Schäfer mit seinem Stock nach einem runden Stein geschlagen – und zu seiner Verwunderung in ein Kaninchenloch getroffen. Seine Herde – wen sonst? – soll er gefragt haben: «Schaffe ich das noch mal?»

Der erste nicht britische Golfklub wurde erst 1856 in Paris gegründet, dann nahm der Wahnsinn seinen Lauf. «Golf ist keine Frage des Überlebens. Golf ist viel wichtiger», lautet eine schottische Weisheit und eine andere: «Golf gehört zu Schottland wie Salz zum Porridge.» Das British Golf Museum in St. Andrews, das Mekka der Golfer, ist eine Pilgerstätte für die am Detail Interessierten.

Traumschlösser im Hochland

Nordöstlich von Dundee erhebt sich die Hauptattraktion der Gegend: Glamis Castle. Nicht nur, dass es zu den beeindruckendsten noch bewohnten Schlössern Schottlands zählt: Hier sind Königin Elisabeth II. und ihre Mutter (Queen Mum) – Tochter des 14. Grafen von Strathmore – aufgewachsen, Prinzessin Margaret erblickte hier 1930 das Licht der Welt, und Shakespeare diente es – wenn man der Legende Glauben schenken will – als Schauplatz für seine Tragödie «Macbeth». Seine Gründung geht tausend Jahre zurück; jedenfalls fiel hier 1034 der schottische König Malcolm II. einem Mord zum Opfer. Rund fünf Jahrhunderte später wurde an diesem unheilvollen Ort Lady Glamis wegen der Mittäterschaft an der Ermordung Jakobs V. und wegen Hexerei zum Tode verurteilt und verbrannt – zu Unrecht, wie sich später herausstellte. So erhielten ihre Nachfahren Glamis Castle zurück, es war von der Krone eingezogen worden.

Noch heute ist die im 17. Jahrhundert neu konzipierte Anlage, die mit ihren Zinnen, Ausguckhäuschen, Erkern und kleinen Rundtürmen eher einem verspielt wirkenden französischen Chflteau ähnelt, im Besitz des Earls of Strathmore and Kinghorne und, da zwischen April und Oktober der Öffentlichkeit zugänglich, Anziehungspunkt für Touristenströme, die nicht selten eine Stunde lang auf den Einlass warten müssen. Wahrscheinlich ist es weniger die Sammlung von alten Möbeln, Bildern und Porzellan, die die Besucher kommen lässt, als eher der schaurige Geist, der nach der Ermordung König Duncans durch Macbeth über dem Anwesen liegt, vielleicht aber auch die greifbare Nähe zum Thron in London.

Auf dem Weg von Dundee nach Aberdeen führt die Küstenstraße an der Nordsee über Arbroath, einen besonders hübschen kleinen Ort, der im Sommer wegen seines schönen Sandstrandes und wegen seiner roten Sandsteinhöhlen, darunter vor allem die Verbotene Höhle und Dickmont's Den, und nicht zuletzt wegen der köstlichen *Arbroath Smokies*, einem auf Eichenholz geräucherten Schellfisch, gern besucht wird. Historisch ist das Städtchen insofern interessant, als 1320 in seiner Abtei die Standesvertreter Schottlands ein Schreiben an den Papst verfassten, in dem sie die Unabhängigkeit ihres Landes von der britischen Krone proklamierten.

Wenn man auf der Küstenstraße weiterfährt, trifft man, südlich des Städtchens Stonehaven, auf die wohl am reizvollsten gelegene Burgruine des Landes: Dunnottar Castle. Sie steht

Bilder rechts und nächste Doppelseite
• Glamis Castle (nahe Dundee)
• Angus Folk Museum in Glamis
• Salon, Esszimmer und Krypta im Glamis Castle

übernächste Doppelseite
• Blair Castle bei Pitlochry
• Wirkt noch als Ruine erhaben: Ardroath Abbey

darauf folgende Doppelseite
Schottisches Abendblau in und über Stonehaven

auf einem gewaltigen, 48 Meter hohen Felsvorsprung, dessen Hänge steil ins Meer abstürzen. Die bizarre Klippe ist mit dem Festland nur durch einen schmalen Pfad verbunden, der durch eine tief eingeschnittene Spalte im Fels führt. Hier, in Dunnottar, wurden die schottischen Kronjuwelen versteckt, als Cromwell 1652 das Fort belagerte. Kurz bevor es eingenommen wurde, verbrachte man sie heimlich in das nicht weit entfernte Kinneff, wo sie über mehrere Jahrzehnte hinweg unter der Kanzel der Kirche verborgen waren. 1685 waren die Kasematten der Burg für mehrere Monate das Gefängnis für um die 200 Covenanters, Presbyterianer, die mit John Knox und Andrew Melville gegen den Pomp in den Kirchen kämpften und die seit 1662 von den englischen Anglikanern verfolgt worden waren. Die einzige Öffnung des Verlieses ging zum 30 Meter tiefer gelegenen Meer hinaus, so dass die meisten Flüchtigen in den Tod stürzten. Erst 1688 konnte die «Killing Time» des Religionskrieges beendet werden.

Natürlich bilden die Burgen und das wilde schottische Hochland oft die Traumkulissen für dramatische Filme. Franco Zeffirelli verfilmte in Dunnottar 1991 seinen «Hamlet», «Chariots of Fire» drehte Hugh Hudson 1981 am Strand von St. Andrews, «Local Hero» ließ Bill Forsyth 1983 in Pennan spielen, im Nachbarort Gardenstown entstand Bernd Eichingers «Salz auf unserer Haut», und für «Mission Impossible» von Brian de Palma mussten die Kulissen der Borders bei Dumfries herhalten. Für «Breaking the Waves» wurde auf der Hebrideninsel Skye extra ein Friedhof angelegt sowie 1995 ein Filmdorf für «Braveheart» am Fuße des Ben Nevis, des mit 1343 Metern höchsten Berges Schottlands.

Ein weiteres besonders sehenswertes Schloss in der Region ist Craigievar Castle, landeinwärts westlich von Aberdeen gelegen. Anders als das weit ausladend angelegte Dunnottar Castle auf seinem gigantischen Felsmassiv strebt der hoch aufragende Bau in herrlichster Parklandschaft über fünf Stockwerke nach oben – ein Paradebeispiel schottischer Schlossbaukunst! Die im 17. Jahrhundert zierlich-elegant asymmetrisch errichtete Märchenburg darf zu den schönsten Bauwerken Schottlands überhaupt gezählt werden. Schlossherr war allerdings kein adliger Clan-Chief, sondern ein Emporkömmling. William Forbes konnte sich den Bau der Burg (1610–1626) leisten, weil er, Kaufmann aus Aberdeen, durch den Handel mit Ländern an der Ostsee, vor allem im Baltikum, steinreich geworden war. «Danzig-Willie» war denn auch sein Spitzname. Da Schottland zwar über große Wälder, nicht aber über geeignetes Bauholz verfügte, ließ er für sein «Haus» das Holz der Memel-Kiefer importieren. Obwohl der Wehrturm an Bedeutung verloren hatte, wurde das in einer Art schottischem Rokoko erbaute Gebäude bewusst vertikal konzipiert – quasi als symbolisches Ausrufezeichen der Autorität.

Craigievar ist eines jener Tower-Houses, für die das «Castle Country» der Grampian-Region, das schottische Burgenland, berühmt ist: so auch Castle Fraser, Crathes Castle, Drum Castle und in der Nähe Tolquhon Castle. Als mit der Dynastie der Stuarts Friede ins Land eingezogen war, verlor sich als natürliche Folge der Defensivcharakter der einstigen Festungen – zwar nicht ganz, aber doch erheblich.

Bild rechts
Blick bei Fort William zum Ben Nevis, Großbritanniens höchstem Berg (1343 m ü.d.M.)

nächste Doppelseite
Dunnottar Castle, erbaut 14.-16. Jh.: grandiose Ruine

übernächste Doppelseite
Einmalige Szenerie für Maler: am Loch Cluanie

Doppelseite 94/95
Hochlandidylle am Ben Klibreck

Doppelseite 96/97
Panorama über dem Bunloinn Forest mit Loch Loyne

Doppelseite 98/99
Unterwegs bei Glen Shiel

Doppelseite 100/101
Dramatische Farben am und um das Eilean Donan Castle

Doppelseite 102/103
Bei Gairlochy: Stilleben am Fluss mit Steg und Bötchen

Mit weniger ästhetischem Glanz ausgezeichnet erhebt sich am Südufer des Flusses Dee, zwischen Ballater und Braemar, Balmoral Castle, noch heute Feriensitz der Royal Family. Königin Viktoria hatte es Mitte des 19. Jahrhunderts erworben und sich in «this dear paradise» verliebt. Im Scottish Baronial Style errichtet, ließ es Prinzgemahl Albert (aus dem Haus Sachsen-Coburg-Gotha) nach seinen Plänen umgestalten. Zwar glänzt der hellgraue Granit des Schlosses weiß im Sonnenlicht; doch konnte diese freundliche Erscheinung nicht verhindern, dass Balmoral zum Synonym für geschmacklose Architektur wurde. Schrieb ein Besucher vor knapp einem Jahrhundert zu Recht: «Wer nach Pracht und Glanz Ausschau hält, wird diese nicht finden. Er findet sie jedoch sehr wohl in der Umgebung des Schlosses, so etwa auf den umliegenden Bergen, deren Spitzen oft in Wolken gehüllt sind; er findet sie auch in den prächtigen Sonnenuntergängen dieser Gegend. Pracht und Glanz sind königlichen Palästen vorbehalten, Balmoral jedoch ist ein Zuhause.»

Nicht anders wollte und sah es Königin Viktoria: «Nicht nur die reine Luft, die unberührte und schöne Landschaft machen es so angenehm, sondern auch die Atmosphäre, die ausgeht von der Liebe ausstrahlenden Zuneigung und treuen Verbundenheit der Bewohner dieser Gegend; sie erwärmen einem das Herz und verleihen einem das Gefühl des Zuhauseseins.» Angewidert allerdings nahm ihr Premierminister Gladstone, dienstlich auf Balmoral, zur Kenntnis, wie die Königin abends «ihren Rotwein durch Whisky verstärkt – ich würde ja sagen: verdirbt».

Schlimmer noch James Joyce im «Ulysses»: «... die Alte mit dem Schnurrbart auf der Lippe, stockbesoffen in ihrem königlichen Palast jede Nacht, die Gott werden ließ, die olle Vic, von ihrem Pöttchen Schottenwhisky, und ihr Kutscher musste sie jedes Mal aufsammeln ...» – Whisky is risky. Thronprinz Charles und gleichzeitig *Prince* (englisch für *Fürst* und *Prinz*) of Wales (*Fürst* von Wales) dachte sich hier 1969 für seinen Bruder die Geschichten des wunderlichen «Alten von Lochnagar» aus. Lochnagar ist der höchste Berg in den Wäldern von Balmoral. Lord Byron, der «diese Berge wunderbar» fand, fasste den «grünen Vorhang der Natur und Blumen ohne Zahl» dort in Verse.

Auf dem Castle Trail durch die Grampian Mountains

Rund 14 Kilometer westlich von der königlichen Urlaubsresidenz liegt Braemar, wo Robert Louis Stevenson von 1881 an mit seiner Familie lebte. Bekannt ist der Ort auch durch seine bollwerkartige Befestigungsanlage Braemar Castle, das von einem sternförmigen Glacis umgeben ist. Berühmt aber ist Braemar durch seine Highland Games, die traditionsgemäß von der Königlichen Familie besucht werden.

Wer im Mittleren Hochland mehr von den üppigen Adelshäusern, den Palästen der Lairds, der Gutsherren von ehedem, besuchen möchte, folgt am besten dem Castle Trail, einer ausgeschilderten Route, die durch die Grampian-Region und Aberdeenshire führt und auf der man rund 25 Schlösser und Ruinen zu sehen bekommt. Ohnehin lohnt sich die bequeme Fahrt durch die Landschaft der Grampian Mountains, wo sich einst nur sanfte Feldwege schlängelten.

Vor anderthalb Jahrhunderten, als Fontane für deutsche Blätter über die Gegend berichtete, sah es hier noch ganz an-

BILDER IN DEN GRAMPIAN MOUNTAINS

Bild rechts
Tanztracht mit obligatem Schottentüchlein

nächste Doppelseite
Wie in einem Bühnenbild von «Warten auf Godot»

übernächste Doppelseite
Totenruhe im Glen Coe,
einem wilden Tal mit wüster Geschichte

Doppelseite 110/111
Wolken über der Glen-Coe-Schlucht

Doppelseite 112/113
Distillerie-Stadt Craigellachie, Whiskyfasslager und sauberstes Berglandwasser als zweitwichtigster Whisky-Rohstoff

Doppelseite 114/115
Aberdeenshire: Heide (bei Glenshee) und Warten auf Schnee

DO NOT SWING
YOUR LEGS

ders aus. So lesen wir bei ihm: «An keiner andern Stelle der Welt hab ich mich von dem Hauch, ich möchte sagen von den weichen Händen der Romantik so direkt umschmeichelt gefühlt wie auf jenem Mauerrande von Stirling Castle, von dem aus man das Schönheitspanorama des schottischen Hoch- und Niederlandes zugleich überblickt. Zwischen den Bergen und dem Schlossfelsen, auf dem wir stehen, welche Landschaft, welcher Garten, welche paradiesische Stille! Fruchtfelder aller Art und Farbe wechseln ab mit dem Grün der Wiesen, und die Art der Ackerbestellung, die sich nicht im Ziehen gradliniger Streifen, sondern – seis Laune, seis Notwendigkeit – in einer bunten, wechselvollen Musterung des Bodens gefällt, schafft hier einen phantastischen Teppich, der alle Linien zu verspotten scheint und doch die Linie der Schönheit trifft. Dieser Teppich zwischen Schloss Stirling und den Hochlandbergen führt den Namen der Grafschaft Menteith. Wem es vergönnt wird, vom Wallrande des Stirlinger Schlosses aus in diese Grafschaft hinabzublicken – wenn über den Hochlandbergen der Ball der untergehenden Sonne wie eine Feuerkugel hängt und auf dem Schlosshof das Pfeiferkorps eines Hochlandregiments eine Abendmusik zu spielen beginnt –, wem das vergönnt wird, der nimmt das lieblichste Bild mit heim, das ihm die schottische Landschaft an irgendwelcher Stelle gewähren kann.»

Wir folgen weiter Fontane: «Kurze Zeit nachdem wir die Nordspitze des Killiecrankie-Passes passiert hatten, erreichten wir Blair Atholl, ein Dorf mit etwa 300 Einwohnern, das nichtsdestoweniger auf allen Karten mit großen Buchstaben verzeichnet ist. Wir nähern uns nämlich jetzt dem großen Berg und Heideterritorium der Grampians, das, ein paar hundert Quadratkilometer groß, wie eine unwirtbare Fläche sich zwischen das fruchtbare Land des Tay- und des Moray-Busens hineinschiebt, und, wie wir bald sehen werden, von solcher absoluten Öde und Kahlheit ist, dass das an seinem Südhang gelegene Dörfchen Blair zu einer unbestrittenen Residenz dieser Gegend wird ... Der weit vorgeschobenste Punkt heißt Dalnacardoch-Inn; nördlich von ihm beginnt die Grampian-Wüste. Ich habe nie Einsameres durchschritten. Und doch machten wir die Fahrt zur guten Jahreszeit, an einem heiteren Tage. Das Leben war über diese Gründe wenigstens hingeflogen und hatte seinen Lichtstrahl auf sie fallen lassen.

Uns zur Linken schäumte der Garry, rechts von den hohen Berglehen sickerte das Schneewasser herab, und an den Wasserrinnen entlang leuchtete das Grün und Rot des Heidekrauts, und aus dem moosigen Gestein flog von Zeit zu Zeit ein Bergvogel oder auch ein Volk Hühner auf. Wie muss es hier sein, wenn der Sommer seine warme Hand von diesen Feldern nimmt und der Wind das schwache Lebensflämmchen ausbläst, das hier still und geschäftig wirkt? So fragt' ich mich, und als ob die Grampians mich verstanden hätten, gaben sie Antwort auf meine Frage. Wolken zogen über den Himmel hin, und das warme Blau verwandelte sich in ein schwüles Grau, der Garry hörte auf zu schäumen, Moos und Heidekraut verschwanden, auch das Wasser schwieg, das von den Bergen gekommen war – wir hatten den großen Friedhof dieser stillen Gegenden erreicht ... Wie einer, der einen finsteren Traum gehabt und mit einem ‹Gott sei Dank› erwacht, weil eben alles ein Traum gewesen, so fiel es wie eine Last von uns ab, als, plötzlich fast, das Steinfeld sein Ende erreichte und nur noch das bequem zur Hand liegende Material gewesen zu sein schien, um ein steinernes Gasthaus mit steinernen Scheunen und einer hohen steinernen Mauer um beide herum daraus aufzuführen. Wie jubelten wir, als wir unter den blühenden Lindenbäumen dahinfuhren und aufspringend unsere Köpfe in die Blatt- und Blütenfülle hineinstreckten; keine Orangerie und Freitreppe hatte uns je so herrlich gedünkt wie diese Lindenbäume, die das Wirtshaus Dalwhinnie umstanden. Mit einem Gefühl unverstellter Freude sahen wir über die hohe Gartenmauer in den Obst- und Küchengarten hinein, wo rot schillernde Kohlköpfe die Beete einfassten und selbst ein paar Kirschen im Laub der Bäume steckten.»

Inverness und Loch Ness

Die Schönheit des Dee Valley mit der bräunlichen Farbe des Flusses ist berühmt, und die rauen Ausläufer der Eastern Highlands enden schließlich wieder an der Ostküste. Hauptort des Hochlands ist die Stadt Inverness. Als mit gut 40 000 Einwohnern größte Stadt im nördlichen Drittel Schottlands ist sie von Fremden immer gut besucht, von

Dunrobin Castle bei Golspie von hinten gesehen (vgl. Bild auf Frontispiz-Seite)

schottischen Fremden allerdings, nicht von Festlandfremden. Nicht dass sie an dem im 19. Jahrhundert erbauten Inverness Castle besonders interessiert wären (das viel älter aussieht, als es ist); vielmehr können hier beispielsweise die Bewohner der kleinen Inseln all das kaufen, was ihnen zu Hause fehlt – vom Buch bis zur Brille.

Inverness ist der Anfangs- oder Endpunkt des von der West- zur Ostküste verlaufenden Kaledonischen Kanals, der das Land vom Moray Firth bis hin zum Firth of Lorn durchschneidet. Durch drei Seen führt er, auch durch Loch Ness. 1771 ritten Johnson und Boswell auf der Uferstraße dieses Sees, «von Birken überschattet, die Höhen ringsumher – alles gefiel uns ausnehmend gut. Die Gegend war so abgeschieden und angenehm wild, wie man sie sich nur wünschen konnte, und nahm uns eine Zeit lang ganz gefangen ...» Für Fontane war der See eher langweilig: «... er ist überall derselbe, und die hohen bewaldeten Bergabhänge, die im Schmuck des frischesten und schattierungsreichsten Grüns prangen, hören auf, von besonderem Interesse zu sein, wenn man sich zuletzt nicht verhehlen kann, dass jede neue Meile, die man macht, nur das Bild der eben zurückgelegten wiederholt.»

Der See ist bekanntlich die Heimstatt von «Nessie», dem Seeungeheuer. Vielen Leuten war es bisher angeblich vergönnt, des Monsters ansichtig zu werden, und hin und wieder scheint die eitle Schimäre die Sauregurkenzeit im Sommer zu nutzen, um in den Medien Aufmerksamkeit zu erregen und Publicity zu erhaschen. Besuchern des Sees sei geraten, das Tier so zu fotografieren, dass – als romantische Kulisse – die Ruinen von Urquhart Castle den Hintergrund bilden. Das seeschlangenartige Riesenwesen, das ja gut zehn Meter lang sein soll, steht inzwischen unter Tierschutz; wer es fängt, muss es also in den See zurückwerfen. Doch sollte man sich in diesem Fall nicht so eng an das Gesetz gebunden fühlen; schließlich hat die Brauerei Guinness eine Fangprämie von 500 000 Pfund ausgesetzt!

Die nächstgelegene Großstadt liegt im Westen, auf der anderen Seite der Grampians: Aberdeen.

Bild nächste Doppelseite
Stimmung mit wagneresker Dramatik über dem River Dee nahe des Balmoral Castle

übernächste Doppelseite
• Toskana-Landschaft bei Bonar Bridge
• im Golfstädtchen Dornoch
• am Dornoch Firth (Förde)

Doppelseite 122/123
Highland-Hauptstadt Inverness am River Ness

Doppelseite 124/125
Schottlands See der Seen: Loch Ness mit Urquhart Castle und Ungeheuer. Nach Fang bitte wieder frei lassen!

EAGLE HOTEL
EAGLE HOTEL
NO VACANCIES
Beer Wines Spirits
P Free 100yds
DORNOCH HIGHLAND GATHERING
POST OFFICE
QUALITY B&B IN A PUB

MÆRSK BLAZER
STATESMAN

BED & BREAKFAST
PRIVATE PARKING

Aberdeen – flüssiges Gold und grauer Granit

Wer, wo auch immer, südlich der «Granite City» lebt, wird die abgelegenste britische Großstadt wahrscheinlich als kalt (sie ist die kälteste Stadt Schottlands!) und düster empfinden. Bei den rund 250 000 Einheimischen aber ist sie «die silberne Stadt am goldenen Strand» – the Silver City by the Sea. Alles ist so relativ, sagte Tucholsky, und Recht hatte er. Wenn, wie schon bei Schloss Balmoral gesagt, der seltene Schein der Sonne auf die durchweg aus Granit gebauten Häuser Aberdeens fällt, leuchtet zwischen Don und Dee die drittgrößte Stadt Schottlands plötzlich hell auf und lässt die Tristesse der nördlichen Nordseelandschaft vergessen. Dann strahlen die Blumen, vor allem die Rosen, in den Parks und Gärten, deren Fülle kein anderer Ort ganz Großbritanniens aufzuweisen hat. Den Städtewettbewerb «Britain in Bloom» gewann die Stadt so oft, dass man sie resignierend von weiterer Teilnahme einfach ausschloss, um auch anderen Ortschaften im Lande einmal eine Chance zu geben!

Anders als im etwa gleich großen Dundee sitzt hier trotz aller Rückschläge immer noch das Geld. Zwar war Aberdeen seit eh und je schon ein erfolgreicher Heringshafen und größter Fischereihafen Schottlands gewesen, nicht zuletzt durch den unermüdlichen Fleiß seiner Bürger; doch hätte es auf Dauer damit allein nicht seinen Wohlstand halten können. Der stellte sich erst ein, als 1969 mit «Montrose» das erste britische Ölfeld erschlossen wurde; benannt wurde es nach Graf Montrose, einem Anhänger der Stuarts, der im Bürgerkrieg hingerichtet worden war. Und die 50 Öl- und Gasfelder werden noch heute ausgebeutet. Doch strich letztlich die Staatskasse Ihrer Majestät die Gewinne ein, und der Stadt blieb nicht mehr viel übrig.

«Unser Öl», hatten die Schotten gesagt, und «unser Öl» hatte auch London gemeint. Hinzu kommt, dass das flüssige Gold sich nicht vermehrt. Jahr für Jahr wurden fast 120 Millionen Tonnen Öl gefördert. Doch der Ölrausch währte nur von 1972 bis 1979. 1985 sackte der Ölpreis gar von 40 auf 10 US-Dollar pro Barrel, und der Traum vom Big Money war vorbei. Viele Gesellschaften machten dicht, wodurch die Zahl der Arbeitslosen wieder stieg. Immerhin fließt das Öl noch: Die Pipelines der Ölfelder enden bei St. Fergus im Norden von Aberdeen, auf der Insel Flotta in Orkney und bei Sullom Voe in Shetland, der größten Station, wo täglich 1,2 Millionen Barrel hereinfluten. Petrotechnische Anlagen und Raffinerien sollten, so die Hoffnung Schottlands, als Sekundärindustrien die wirtschaftliche und damit die soziale Lage des Landes verbessern helfen – eine Illusion, seitdem Ölplattformen und Bohrtürme in der Nordsee verschrottet werden. Von Pipelines oder Tankern ist im Hafen nichts zu sehen; dort liegen nur die Versorgungsschiffe, die zu den Plattformen hinausfahren.

Ölförderung in der Cromarty Firth

Das in der Gegend vorkommende Granitgestein bot sich trotz seiner nüchtern-grauen Farbe als Baumaterial an und ist auch seit eh und je als solches verwendet worden. Wegen seines Aussehens ist die Ende des 18. Jahrhunderts aus diesem Granit erbaute Hauptstraße, die Union Street, der wohl am trostlosesten wirkende Boulevard einer Stadt im europäischen Norden. Müssten Italiener hier wohnen, sie würden wohl bald verkümmern. Doch scheint die wenig heitere Bauweise der puritanischen Einstellung der *Aberdonians* eher entgegenzukommen. Und insofern hat sie wiederum einen konsequenten und zu rechtfertigenden Background. Schließlich wurde der Verkauf des eintönigen Gesteins ein Exportschlager: Mitte des 19. Jahrhunderts wurden rund 30 000 Tonnen davon ins Ausland verkauft, und das Jahr für Jahr, selbst bis nach Texas (für das Kapitol in Austin).

Da Granit bekanntlich sehr hart und daher besonders dauerhaft und unverwüstlich ist, blieb eine ganze Reihe von alten Bauwerken erhalten. Mit das schönste und bedeutendste Gebäude ist das Marischal College, zusammen mit dem in der Altstadt gelegenen King's College (von 1495) die Universität der Stadt. 1593 gegründet und 1891 renoviert, ist es nach dem Escorial in Madrid der größte Granitbau der Welt. Beeindruckend gibt sich die in neugotischem Stil gehaltene, prachtvolle Nordfassade, die mit Scheinfassaden, Türmchen und Zinnen geschmückt ist. Überragt wird es von dem 80 Meter hohen Mitchell Tower, der mit der Mitchell Hall die Begrenzung des Innenhofes im Süden bildet. Mit der ägyptischen Sammlung und einem anthropologischen Museum ist die Halle einen Besuch wert. Ebenfalls aus dem Jahr 1593 stammt das einstige Haus des Stadtvorstehers, das Provost Skene's House, etwas versteckt gelegen – eine Schatzkammer von Möbeln aus der Zeit vom 17. bis 19. Jahrhundert.

1686 stiftete die Gilde der Weinhändler das Marktkreuz mit dem Einhorn, zu sehen auf der Castle Street; auf Medaillons im sechseckigen Sockel des Mercat Cross sind die Köpfe der Stuart-Könige dargestellt. Über Jahrhunderte boten hier die Bauern aus dem Umland und die Fischerfrauen von Fittie, einem Dorf am Fluss Dee, ihre Waren zum Verkauf an. Doch wurden hier auch Produkte vom europäischen Festland und aus Amerika feilgeboten – die Shore Porters Society zog das Handelsgut vom Hafen auf den Hügel hinauf; soweit bekannt, war es die älteste Firma ganz Großbritanniens.

Nicht weit davon kommt man zum Alten Rathaus, 1721 in schnörkellosem georgianischen Stil errichtet. Dem schließt sich das Old Tolbooth an, ein Gebäude, das einst ebenfalls der Verwaltung der Stadt diente und dessen Turm aus dem 14. Jahrhundert noch erhalten ist. Es lohnt ein Blick in den Saal des Rathauses, dessen Holzdecken mit verschiedenen Wappen dekoriert sind. Auch ihre in kräftigen Farben gehaltene Decke ist es, die den Reiz der nahe gelegenen St. Andrew's Episcopal Cathedral ausmacht und so gar nicht typisch für eine schottische Kirche ist.

Interessant im Hafen Aberdeens sind – zwischen Victoria Dock und Albert Basin – die am frühen Morgen stattfindenden Fischversteigerungen, wobei selbst derjenige, der sich der englischen Sprache für besonders kundig hält, wahrscheinlich kein einziges Wort verstehen wird – von der unverständlichen Zeichensprache einmal ganz abgesehen. Ruhig dagegen geht es in den Parks zu, die die Stadt bietet: Duthie Park mit seinen großzügig angelegten Wintergärten, Seaton Park am Don und Hazelhead im Westen. Besonderer Attraktivität aber erfreut sich der Märchenpark Anderson's Story Book Glen, wo die Figuren der berühmtesten Kinderbücher in zumindest lebensgroßem Format die Kleinen begeistern.

Durch den Seaton Park – in der Nähe des King's College – stößt man auf eine der ältesten Brücken des Landes: die Brig o'Balgownie, die ungefähr 1320 über den Don gezogen wurde. Gegenüber dem wilden Dee war der Fluss immer der stille Don. «Blutdurstiger Dee, jedes Jahr raubt er drei / Der hübsche Don bricht nichts entzwei», sagt eine alte Volksweisheit über die Zwillingsflüsse, die in den Grampians entspringen und bei Aberdeen in die Nordsee münden. Ein anderer Vers lautet: «The river Dee for fish and tree / The River Don for horn and corn.» Für den romantischen Dichter Lord Byron waren die Flüsse Teil seiner Kindheit. In einer Eloge auf Aberdeen, wo er zur Schule gegangen war, schwärmte der sonst eher poetische Rebell:

Doch bin ich von Geburt halb Schotte und ein ganzer
durch Erziehung, und mein Herz steigt mir zu Kopf,
wenn Auld Lang Syne Schottland beschwört mit allem Drum
und Dran,
mit Schottenkaro, Haarband, blauen Bergen, klaren Bächen,
mit Dee und Don,
der schwarzen Wand im Knast Balgounies,
dem Fühlen meines Knabenalters ...

Bilder nächste beiden Doppelseiten
Aberdeen, Schottlands drittgrößte Stadt:
• Union Terrace Gardens; Union Street
• Brücke über den Dee; Hafen; Fischereihafen

Die Hebriden
Druiden, Tweed und Wikinger

Mehr als 500 Inseln liegen hier vor Schottlands Westküste, wo der Wind unablässig weht und die Landschaft sich noch rauer gibt als auf dem Festland. Die Hütten wirken karger, und kaum ein Baum ist auf der kahlen Insel Mull zu finden. Da fast alles vom Festland importiert werden muss, sind Waren im Schnitt um ein Fünftel teurer als im Herkunftsort. Immerhin kommt mit dem Fischfang – 230 Tonnen Lachs und 100 Tonnen Schellfisch im Jahr – etwas Geld in die Kassen. Um Heizkosten zu sparen, ist es durchaus üblich, dass eine Familie im Frühjahr für eine ganze Woche zum Torfstechen aufbricht. Wen wunderts, dass – mehr als sonstwo in Schottland – die rund 30 000 Bewohner öfter mal zum Whiskyglas greifen, um sich etwas Lebensmut anzutrinken und Depressionen vorzubeugen. Trotz aller Unwirtlichkeit steigt die Zahl der Touristen aber kontinuierlich an, die wie einst Dr. Johnson die «eigene, eindrucksvolle Welt» erleben möchten.

DIE INNEREN HEBRIDEN

Skye und Mull heißen die beiden größten Inseln der Inneren Hebriden, die wie die anderen auch durch den Golfstrom des Atlantiks mehr Wärme als die Nordseeküste im Osten Schottlands und damit auch noch etwas Grün in der Natur abbekommen. Sintflutartige Regengüsse sind hier an der Tagesordnung. Das berühmte atlantische Tiefdruckgebiet – hier nimmt es oft seinen Anfang.

Wenn man die Landkarte betrachtet, wird man unschwer erkennen können, dass die Insel Skye die Form eines Krebses hat. Aufgrund ihrer vielen Fjorde wird sie aber dennoch «geflügelte Insel» genannt. Wegen der zahllosen Einschnitte ist man auf der 80 Kilometer langen und 50 Kilometer breiten Insel nie mehr als acht Kilometer vom Meer entfernt. Ihre Felsen sind vulkanischen Ursprungs, wobei vor mehr als 70 Millionen Jahren schwarzes Gabbro-Gestein und roter Basalt aufgeworfen wurden und die Gletscher der Eiszeit ihnen den letzten Schliff verliehen.

Skye, die Nebelinsel

Wegen der berüchtigten Nebelschwaden ist auch von «Misty Skye» – Wortspiel mit *sky* (Himmel) –, der Nebelinsel, die Rede. Sie gilt mit ihren herrlichen Bergen, vor allem mit den Gipfeln der zerklüfteten Cuillin Hills, ihren Buchten und Stränden als das schönste Eiland der Westküste. Obwohl diese «Hügel» tatsächlich über eine Höhe von 900 Metern nicht hinauskommen, heben sie sich doch bizarr vom Meeresspiegel ab und dienten britischen Bergsteigern, die später den Himalaja bezwangen, als erste Trainingswände.

«Over the Sea to Skye»: Die Fähre von Kyle of Lochalsh hält nach zehn Minuten Fahrt im Hafen von Kyleakin, einem Ort, der von der Ruine des Castle Moil überragt wird, Reste eines Tower-House aus dem 15., im Ursprung aus dem 10. Jahrhundert – einst ein Bollwerk gegen Überfälle der Norweger. Die Ruinen der nächsten Burg sind nur zehn Kilometer entfernt. Hier, im Armadale Castle kann man sich in

Bilder Seiten 133-139

IMPRESSIONEN AUF SKYE, INNERE HEBRIDEN:
• Kilt Rock
• Gehöft am Loch Harport; Stadt Portree mit Hafen
• Wiederkäuer am Loch Ainort; Blick von Sligachan zu den Cuillins Hills
• Blick von den Quairaing Mountains auf Seen und Meer; Felsen Old Man of Storr

einer lebendigen Präsentation über die früheren Herren der Inseln, «The Lords of the Isles», kundig machen. Sie war einst der Stammsitz der MacDonalds, des mächtigsten Clans in diesem Gebiet.

Nicht weit davon liegt das Dorf Elgol, von dem es heißt, dass es die schönste Aussicht ganz Großbritanniens biete; auf jeden Fall ist der Blick auf die noch im Spätsommer schneebedeckten Cuillin Hills faszinierend, deren Silhouette jener der Alpen nicht unähnlich ist. Ein Boot bringt Naturliebhaber über den Loch Scavaig zu einem Felsen, von wo aus man einen Fußmarsch mit einem Höhenunterschied von 800 Metern zum Loch Coruisk unternehmen kann; die traumhafte Landschaft mit dem 1,6 Kilometer langen See wurde von Sir Walter Scott beschrieben und von William Turner im Jahre 1831 zur Illustration von Scotts Roman im Bild festgehalten.

Bis 1912 hat man hier Marmor abgebaut, der im Vatikan und in Versailles als Baumaterial verwendet wurde. Dagegen erfolgte von 1912 an auf der Insel Raasay Eisenabbau; als kriegswichtig eingestuft, wurde die Schürfarbeit hier im Ersten Weltkrieg von deutschen Kriegsgefangenen geleistet, die dann 1918 aber durch eine Grippe-Epidemie dahingerafft wurden.

Die «Hauptstadt» der Insel ist Portree, deren hübscher Hafen den Besucher besticht. Im Ort trifft man auch auf The Lump, einen alten Gerichtsplatz, wo 1742 der letzte Verbrecher gehängt wurde. Weiter nördlich erreicht man die Halbinsel Trotternish, die sich durch herrliche Ausblicke und wundervolle Felsformationen auszeichnet. Nicht weit davon erhebt sich 45 Meter hoch eine einsam dastehende Felsspitze: der Old Man of Storr. Eine weitere schlanke Felsspitze steht bei Staffin auf der kleinen Gebirgskette der Quiraing – die 30 Meter hohe Needle.

Zwei Schlösser könnten noch besucht werden. Da ist einmal Duntulm Castle bei Kilmuir, das 1716 von seiner Herrschaft verlassen wurde, nachdem das Kindermädchen den Stammhalter aus Versehen aus dem Fenster ins Meer hatte fallen lassen. Man sagt, dass das Schluchzen des damals ertrunkenen Kindes noch zu hören sei. Ganz in der Nähe befindet sich das Skye Museum of Island Life, wo in sechs reetgedeckten Black Houses das mühselige Leben der *Crofters*, der Kleinbauern, auch mit alten Fotos veranschaulicht wird.

Auf dem Friedhof von Kilmuir liegt das Grab der Inselheldin Flora MacDonald, die 1746 dem beliebten Bonnie Prince Charlie nach dessen verlorener Schlacht gegen den Herzog von Cumberland zur Flucht verhalf, nachdem sie ihn zuvor in Frauenkleider gesteckt, mit einer blonden Perücke versehen und ihn als irische Kammerzofe ausgegeben hatte. Mit einem Schiff konnte er, auf den ein Kopfgeld von 30 000 Pfund ausgesetzt war – heute vielleicht eine Million Euro –, nach Frankreich entkommen. Floras Leichnam liegt in dem Leinentuch, mit dem sich der Prinz eine Nacht zugedeckt hatte. Auf dem Hochkreuz ihres Grabes ist ein Satz des Schriftstellers Samuel Johnson eingraviert: «Flora MacDonalds Name wird in der Geschichte immer genannt werden, und wenn Mut und Treue noch als Tugenden gelten, dann mit Hochachtung.»

Das andere Schloss ist Dunvegan Castle auf der Nordwestspitze der Insel, von drei Seiten vom Meer umspült. Seit sieben Jahrhunderten wird es von einer einzigen Familie, den MacLeods, bewohnt, einmalig unter allen Schlössern Schottlands.

Noch immer sind die Hebriden so etwas wie eine Wikingerkolonie. Das waren sie ja auch, da sie – ebenso wie die Orkney- und Shetlandinseln – bis 1266 zu Norwegen gehörten. Zwar sind sie seither der schottischen Krone unterstellt, doch übten die Macht de facto die MacDonalds aus, die von den Bewohnern denn auch wie Könige angesehen wurden. Wolkeninsel hieß Skye übrigens bei den Wikingern: Skuyö oder Ski.

Insel Mull, wo der spanische Goldschatz ruht

Über den idyllischsten Hafen ganz Westschottlands verfügt mit dem alten Fischerstädtchen Tobermory die südlich von Skye gelegene Insel Mull. Besonders reizvoll wirkt er mit seinen bunt gestrichenen Häusern aus dem 18. Jahrhundert bei verhangenem Himmel. Nach einer Explosion sank hier, vom Pier nur hundert Meter entfernt, 1588 die

Starke Langhörnige, aber mit friedlicher Neugier, wetter- und unwetterfest: langhaarige Mullbewohner

Florencia, eine spanische Galeone mit einem riesigen Goldschatz an Bord. Man kann sich ausmalen, wie oft schon eine Bergung des Schatzes versucht wurde – bisher vergebens. Einen schönen Blick auf den Sound of Mull hat man von Duart Castle aus, einer Festung der MacLeans aus dem 13. Jahrhundert, die wie ein strenger Wächter auf einer beeindruckenden Landzunge thront. Bei guter Sicht kann man von hier bis zum hohen Ben Nevis sehen. Ähnlich unregelmäßig gestaltet wie Skye nimmt Mull nach Norden hin an Höhe ab, wobei der Ben More die höchste Erhebung darstellt. Im Westen Mulls liegt der Ort Calgary, und die kanadische Großstadt gleichen Namens heißt so, weil von hier im 19. Jahrhundert die Schiffe der Auswanderer nach Nordamerika abgingen.

Bilder Doppelseiten 142-149

IMPRESSIONEN AUF DER INSEL MULL, INNERE HEBRIDEN

- **Hauptstädtchen Tobermory; Loch Frisa; Fishnish Bay**
- **Fjord-Küstenszenerie mit leeren Booten**
- **Stammsitz der MacLeans: Duart Castle nahe Craignure**
- **Bei Salen: Ebbe am Sound of Mull**

Insel Iona, wo 60 Fürsten ruhen

Zwei kleinere Inseln in der Umgebung von Mull sind einen Besuch wert: Iona und Staffa. Auf Iona, einst ein keltisches Druidenheiligtum, begann die Christianisierung Schottlands. Hier ging Mitte des 6. Jahrhunderts St. Columban mit zwölf Gefährten an Land und gründete ein Kloster, das eine Zeit lang den christlichen Mittelpunkt Europas darstellen sollte. Die Wikinger zerstörten es mehrfach; 1938 wurde die Abtei auf der nur fünf Kilometer langen «Heiligen Insel» restauriert, zu der heute eine halbe Million Besucher im Jahr pilgern. Um die 60 schottische, aber auch norwegische, französische und dänische Regenten – Fürsten und Clan-Älteste – haben hier ihre letzte Ruhestätte gefunden, unter ihnen der von Macbeth ermordete König Duncan; beide liegen nebeneinander. Insgesamt ruhen hier jedenfalls, wie es Dr. Johnson einmal formulierte «Gebeine von Männern, die nicht erwarteten, so bald vergessen zu werden». «Die Hebriden sehen heißt, ein ganz anderes Land zu sehen», so wieder Johnson. Und er hat Recht.

Insel Staffa, die Mendelsson-Bartholdy zur Hebriden-Ouvertüre inspirierte

Staffa, die andere attraktive Insel im nahen Umkreis von Mull, zwölf Kilometer von Iona entfernt, ist berühmt wegen ihrer Felsformationen in Gestalt von vier- bis achtkantigen Basaltsäulen aus erstarrter Lava und wegen Fingal's Cave, einer riesigen Höhle, die nach einem mythischen Keltenherrscher benannt wurde und die der englische Lyriker John Keats bewunderte: «An Feierlichkeit und Größe übertrifft sie bei weitem die schönste Kathedrale.» Die unbewohnte «Insel der Stäbe und Säulen» inspirierte Felix Mendelssohn-Bartholdy 1829 zu seiner «Hebriden-Ouvertüre». Sehenswert im Süden des winzigen, ovalen Eilands sind die Klippen, die 40 Meter tief ins Meer abstürzen. An der Ostküste wird der Vogelfreund begeistert sein, wenn sich ihm die Papageientaucher mit ihren orangefarbenen Beinen zutraulich nähern – eine von fast 300 Vogelarten, die auf den nördlichen Inselgruppen beheimatet sind.

DIE ÄUßEREN HEBRIDEN

Die Inseln der Äußeren Hebriden (Outer Hebrides) werden auch Long Islands genannt und sind dem Festland in einer Entfernung von 64 Kilometern vorgelagert. Hier sind die Gälen zu Hause, die von Fischfang und Fischzucht leben und die, wenn sie aus Höflichkeit dem Fremden gegenüber nicht ihre eigentliche Muttersprache sprechen, mit ihrem akzentfreien Englisch von allen Schotten am besten zu verstehen sind.

Insel Lewis – große Steine wie in Stonehenge

Die Hauptattraktion freilich sind die Callanish Standing Stones auf Lewis, der nördlichsten und größten Insel. Ähnlich wie im englischen Stonehenge ragen 13 bis zu drei Meter hohe Steine in einem Kreis empor, rätselhafte Zeugen der (5000 Jahre alten?) Megalithkultur. Bis heute ist jede Deutung Spekulation, auch für Anhänger der Newage-Bewegung. Kultstätte hin, Sternwarte her – einer gewissen Ergriffenheit gegenüber der Vorstellungswelt der prähistorischen Bewohner kann sich wohl kaum einer entziehen! *Na Fir Breige*, die «falschen Männer», wurde die Installation der Menhire einmal im Gälischen genannt.

Bild links
Urwald auf der Insel Mull (bei Mornish)

nächste Doppelseite
Ganz ohne Menschenhand geschaffen: Sechskantsäulenbasalt auf der Insel Staffa, Innere Hebriden

IMPRESSIONEN AUF LEWIS, ÄUßERE HEBRIDEN
Doppelseiten 154-157
• Gespensterwald beim Loch Seaforth; Größenvergleich Mensch/Callanish Standing Stones (siehe auch Seiten 26/27)
• Tweed-Hauptstadt Stornoway mit ihrem Hafen; Götterdämmerungsszenerie am Loch Roag

Tweed-Insel Harris

Harris bildet zusammen mit Lewis die größte Insel der Äußeren Hebriden. Harris und Lewis sind «siamesische Zwillinge»: Ein hoher Bergkamm verbindet beide Gebiete landmäßig, trennt sie aber kulturell in zwei eigenständige Volksgruppen mit eigenen gälischen Dialekten.

Im südliche Teil dieser Insel ist Harris, und da gibt es nur ein Stichwort: Harris Tweed! Die Luxuskleidung wird aus Garn vom Feinsten hergestellt, und sie erfuhr auch eine enorme Umsatzsteigerung, als sich einst die königliche Familie damit ausstattete. Heute kann man der Nachfrage kaum noch nachkommen. Der Aufschwung begann 1842, als die Duchess of Dunmore ihre Jagdfreunde mit dem Tuch ausstattete. Die arbeitslosen Männer von Harris waren gerne bereit, sich an die Webstühle zu setzen, als der Fischfang zurückging. Einfallsreichere Muster konnten produziert werden, als Lord Leverhulme 1920 den mit einem Fußpedal ausgestatteten Hattersly-Webstuhl einführte.

Das streng kontrollierte Harris-Tweed-Label erhält das Gewebe mittlerweile nur, wenn die Schafwolle zu 100 Prozent aus Schottland stammt und die Ware in Handarbeit von den *Crofters* auf den Äußeren Hebriden gewoben wurde. Eigentlich hatten die Weber der Hebriden ihren Stoff, den sie sich patentieren ließen, Tweel genannt; doch stand auf einer Rechnung aus London 1826 Tweed – ein Fehler, der nicht mehr auszumerzen war.

IMPRESSIONEN AUF HARRIS, DER «SIAMESISCHEN» SCHWESTERINSEL VON LEWIS

Bild rechts

Wenig Wolken über der Bucht von Borve

Doppelseiten 160-165

- **Dünen und Strand von Scarista: Blick zur Insel Ensay; Marschland in der Dämmerung gesehen**
- **Düsternis am und über dem Loch Tarbert**
- **Freundliches Hügel- und Seenpanorama im Osten; Cottage bei Borve; Marschland am Tag gesehen (vgl. Seiten 160/161)**

Orkney
der Archipel von 70 Inseln

Eine andere Inselgruppe: Die Orkneys sind nördlich des schottischen Festlands gelegen. Man schreibt das Jahr 1850. Im Winter jenes Jahres fegt ein Orkan über die Insel hinweg. In dem Ort Skara Brae bläst er eine grasbewachsene Düne weg, und zum Vorschein kommt ein Steinzeitdorf, das fünf Jahrtausende lang unter Sand begraben war – das besterhaltene im Norden Europas, wie sich bald herausstellt. 1924 ein weiterer Sturm. Auch mit ihm werden weitere Häuser aus der Zeit freigelegt, so dass sich nun eine komplette Siedlungsanlage ergibt. Aus Stein waren hier aber nicht nur die Einraumhäuser, sondern auch die Betten, auf drei kleinen Monolithen stehende Schränke, Kommoden mit Fächern, in den Boden eingelassene Behälter für Vorräte und die Feuerstellen; Metall wurde nicht gefunden – Steinzeit eben. Felle und Stroh mochten für Behaglichkeit gesorgt haben. Eine konforme Gemeinschaft von knapp 50 Personen dürfte in den zehn Häusern, die durch Gänge miteinander verbunden waren, Platz gefunden haben. Man kann sich vorstellen, dass das Leben in dem Dörfchen an der Atlantikküste – natürlich gleich das «Pompeji Großbritanniens» genannt – recht gemütlich war. Jedenfalls war die Siedlung fünf Jahrhunderte lang bewohnt, bis der Sand sie vor etwa 4500 Jahren begrub.

Aus 70 Inseln bestehen die Orkneys, deren Name auf Altisländisch «Robbeninseln» bedeutet. Bis zum Ausgang des 15. Jahrhunderts gehörte die Inselgruppe zu Norwegen. 19 000 Menschen leben hier, die meisten von ihnen in Kirkwall, der «Hauptstadt» auf Mainland, der größten Insel. Dort dominiert als größte Sehenswürdigkeit die aus dem 12. Jahrhundert stammende St. Magnus Cathedral, die in 300-jähriger Bauzeit erst in normannischem, später in gotischem Stil errichtet wurde – ein wahrhaft göttliches Bauwerk des Mittelalters. Bishop's Palace, ein heruntergekommenes Schloss, in dem im 13. Jahrhundert Hækon IV. Hækonsson, der große norwegische König, starb, steht gleich gegenüber. Der schönere Palast aber ist Earl's Palace, den der verhasste Tyrann Patrick Stewart, Earl of Orkney, Anfang des 17. Jahrhunderts in Fronarbeit («ohne Essen, Trinken oder Lohn» – so die Gerichtsakten) errichten ließ. Im Jahre 1615 machte man dem Fürsten den Prozess. Da Earl Patrick aber für seinen letzten Gang das Vaterunser noch nicht richtig draufhatte, wurde, auf dass er es noch lerne, die Hinrichtung um eine Woche verschoben.

Die meisten Bewohner der baumlosen Region sind «pflügende Fischer», *Crofters*, die sowohl einen Acker bestellen als auch in den ergiebigen Hummerfanggründen fischen, wobei die Krustentiere hauptsächlich nach Spanien exportiert werden. Der bedeutendste Exportartikel aber ist Rindfleisch, das als das Beste der Welt gerühmt wird.

Südlich der Stadt liegt die Bucht von Scapa Flow mit dem traditionellen Kriegshafen der britischen Marine, wo nach dem Ersten Weltkrieg die erbeutete und hier internierte deutsche Flotte, die aus 74 Schiffen bestand, auf Befehl des deutschen Kommandanten versenkt wurde, damit sie nicht in die Hände der Engländer fiel. Was auch gelang – bis auf sechs, die hier noch zu sehen sind.

In Maes Howe ist das um 3500 v. Chr. angelegte berühmteste Kammergrab Großbritanniens zu sehen – ein

IMPRESSIONEN AUF DEN ORKNEYS
Bilder rechts und nächste Doppelseite
Europas besterhaltenes Steinzeitdorf:
Skara Brae an der Westküste von Mainland

Doppelseite 170/171
• Siedlung in einer baumlosen Welt
• Hauptstadt Kirkwall
• Ring of Brodgar

Bauernhof auf einer Orkney-Insel.
Viele Kamin deuten auf viele Kaminfeuerstellen hin

Wunderwerk europäischer Steinarchitektur aus der Vorzeit. Über fünf Meter lange, tonnenschwere Platten sind hier millimetergenau übereinander geschichtet! Leer war das Grab aber, als es 1861 von Altertumsforschern geöffnet wurde. Wenn es etwas zu plündern gab, hätten es die Wikinger mitgenommen, die im 12. Jahrhundert in die Anlage eindrangen. Sie hinterließen auch ihre Spuren – mit Graffiti. Ihre Äxte ritzten Runen in die Wände, deren Texte sich kaum anders ausnehmen als die heutiger Touristen: «Ingibiorg ist das schönste Mädchen», lautet etwa eine der vielen Inschriften.

Nicht weit von Maes Howe trifft man auf den Ring of Brodgar und die Standing Stones of Stenness, beide wieder Steinkreise aus vorgeschichtlicher Zeit. Bis zu vier Meter hoch sind die 27 noch verbliebenen der einst 60 aufrecht stehenden Steine des Rings von Brodgar, der einen Durchmesser von 103 Metern hat und 1200 v. Chr. errichtet wurde. Mehr als tausend Jahre älter aber sind die vier (von ehemals zwölf) Monolithen von Stenness. Aus der Zeit von 2900 v. Chr. gar stammt die Steinpyramide von Quoyness – vom «Ägypten des Nordens» zu sprechen bot sich einmal mehr geradezu an, zumal das Bauwerk ebenso so alt ist wie die Grabmäler von Gizeh.

Nicht von Menschenhand errichtet ist dagegen ein 135 Meter hoher Sandsteinfelsen auf der zweitgrößten Insel des Archipels, der Old Man of Hoy, eine Attraktion für Kletterer.

Die Shetlandinseln Ponys und Pullover

Hoch im Nordmeer liegen die rund hundert Shetlandinseln. Nur 17 von ihnen sind bewohnt. Sonst sind hier Sturmschwalbe und Raubmöwe zu Hause. Das Erstaunliche ist, dass es in diesen unwirtlichen Breiten im räumlichen Verhältnis mehr neolithische Baudenkmäler gibt als anderswo in Großbritannien – nämlich mehr als 60. In den prähistorischen Wohnstätten von Jarlshof stießen Archäologen auf 3000 Jahre alte Öfen, in denen schon mit Torffeuer das Essen heiß gemacht wurde. Sehenswert sind dort Mauerreste aus der Steinzeit, eine Werkstatt aus der Bronzezeit und Radhäuser (mit runden Wänden) aus der Eisenzeit. Eine Sehenswürdigkeit neueren Datums ist die mächtige Schlossruine von Scalloway Castle aus dem frühen 17. Jahrhundert, die das Bild der einstigen Hauptstadt der Shetlandinseln – heute ist es Lerwick – beherrscht.

Shetlander sind Wikinger, nicht Schotten

Die Bewohner des Archipels, das von Norwegen nur wenig mehr entfernt ist als vom britischen Festland, halten noch immer an der Tradition der Wikinger fest, die sich hier um 800 n. Chr. niederließen. Feste, Sprache und Ortsnamen erinnern an die einstigen Siedler aus Skandinavien. Und so betrachten sich die Shetlander auch nicht als Schotten.

Wenn unsereins an Shetland denkt, fällt einem sofort zweierlei ein: Ponys und Pullover. Wurden die *Shelties*, wie die Ponys hier heißen, wegen ihrer niedrigen Höhe von knapp einem Meter früher für Transportdienste in Kohlengruben eingesetzt, so werden die Tiere heute für den Verkauf an Liebhaber gezüchtet.

Zum Verspinnen von Wolle besonders geeignet sind von der Faserstruktur her die Haare der *Blackface Sheeps* (einer Schafrasse), die als weiße Punkte auf grüner Wiese das Landschaftsbild prägen. 20 Millionen gibt es von ihnen – bei fünf Millionen Schotten! Und hier, im höchsten Norden Schottlands, müssen sie schon ein dickes Fell haben. Pullover aus ihrer Wolle lassen sich besonders angenehm tragen. Die meisten Kameras von Besuchern aber sind auf die schottischen Hochlandrinder gerichtet, deren rotbraune Zottelbehaarung sie so liebenswert und putzig erscheinen lässt.

Gegenseitige Zuneigung

IMPRESSIONEN AUF DEN SHETLANDS

nächste Doppelseite

• Viele Jahrhunderte Geschichte: Auf dem Jarlshof gibt es Zeugnisse aus Steinzeit, Bronzezeit und Eisenzeit sowie der Wikinger

• Schafe und Rindvieh im harten Klima auf kargem Boden in Großbritanniens höchstem Norden

übernächste Doppelseite

• Angenehmes Klima für Seehunde

• Thors Zorn über Mainlands Nordwestküste

• Blümchen auf Shetland, zart und selten

• Fort Lerwick

• Leuchtturm bei Lerwick

• Lerwick mit Hafen

Die Lowlands – lieblicher als der raue Norden

Im Tiefland, der ehemaligen Grenzregion zwischen England und Schottland, war die Grenze durchaus nicht immer festgelegt. Weder zum einen, noch zum andern gehörten einst die Grafschaften Cumberland, Northumberland und Durham. Nach den von Wallace und Bruce geführten Unabhängigkeitskriegen war es ruhig geworden in den Borders. Doch entbrannten die Kämpfe 200 Jahre später erneut. Vor allem die Engländer waren es, die die wohlhabenden Abteien im südlichen Schottland plünderten und brandschatzten. Umgekehrt stahlen schottische Banditen den Engländern das Vieh und machten selbst vor den Weiden der eigenen Landsleute nicht Halt. Viele Balladen Walter Scotts erinnern an jene Zeit des Vandalismus und Raubrittertums. Sein Werk trug erheblich dazu bei, dass die ersten Reisenden, die sich nach Schottland aufmachten, die Southern Uplands, das Tiefland also, besuchten.

Landschaftlich unterscheiden sich die Borders dadurch, dass der Westen zum Teil durch Hochmoore sowie durch tiefe Täler und Schluchten schwer zugänglich ist, während das östliche Gebiet sich durch sanfte, grüne Hügelketten auszeichnet, die die Weiden unzähliger Schafe (*Linton Blackface* und *Border Cheviot*) bilden und auch dadurch schon mehr Friedfertigkeit ausstrahlen.

Hauptanziehungspunkte sind, neben den beliebten Stränden an der Ostküste im Sommer, alte Abteien und Schlösser. Unter all den Bauwerken ragt eine Anlage heraus: Melrose Abbey, laut Fontane «größer, reicher und schöner als irgendeine andere Abtei im Lande». Im Ursprung schon 650 von keltischen Mönchen gegründet, später zerstört, errichteten Zisterzienser 1136 hier eine neue, ihrem Glauben entsprechend sehr nüchterne Klosteranlage. Nach zahlreichen Überfällen, Plünderungen und Brandschatzungen im Laufe der Jahrhunderte blieb nur noch eine Ruine, die jedoch noch vom Glanz schottischer Kirchen um 1400 zeugt. Und vom Witz eines Handwerkers: Das Dach des Grenzlandklosters schmückte er mit einem Dudelsack spielenden Schwein.

In der Ruinenromantik stieg Melrose zum Symbol schlechthin auf. William Turner zeichnete es, Walter Scott widmete ihm einen Vers:

Und willst du des Zaubers sicher sein,
So besuche Melros' bei Mondenschein;
Die goldne Sonne, des Tages Licht,
Sie passen zu seinen Trümmern nicht.

Nicht weit entfernt steht Abbotsford House, ein Riesenpalast, den sich Scott – mit seinen «Waverley»-Romanen Bestsellerautor – in altertümlicher Bauart mit Zinnen, Türmchen und Kaminen hinklotzen ließ. Nach dem Abriss des ursprünglichen Anwesens und vor dem Neubau des Herrenhauses sagte der Dichter zu einem Freund: «Ich fand es, wie Augustus von Rom sagte, aus Backsteinen erbaut und werde es als einen Marmorpalast hinterlassen.» Zwar mochte der stilsichere Fontane Scotts Bücher, dessen Landsitz aber fand er abscheulich. Scott selbst nannte ihn dann eine «Romanze in Stein und Mörtel».

Bilder rechts und nächste Doppelseite
Abbotsford House, von Dichter Walter Scott erbaut: Garten; Herrschaftshaus; Bibliothek

übernächste Doppelseite
1136 erbaut, 1545 zerstört: In der Ruine der Melrose Abbey ruht das Herz König Roberts the Bruce

Er war ein passionierter Sammler, und so findet man in diesem Haus, in dem der Dichter von 1811 bis 1832 lebte, neben 20 000 Bänden ein unendliches Konglomerat zusammengetragener Unikate: vom blutbefleckten Richtschwert über den Ring, den ihm Goethe für seine «Götz»-Übersetzung schenkte, bis hin zu einem Federetui, das Napoleon auf dem Schlachtfeld von Waterloo zurückließ. Beigesetzt wurde Scott in Dryburgh, einer aus dem 12. Jahrhundert stammenden Klosterruine am Ufer des Tweed.

Jedburgh – bedeutendster Grenzlandort

Unter geschichtlichem Aspekt ist Jedburgh der bedeutendste Ort im Grenzland. In drei Kilometer Entfernung verlief eine alte Römerstraße, und die Abtei von Jedburgh, 1138 von Augustinermönchen aus Nordfrankreich errichtet, gibt Anlass zu der Annahme, dass die Anlage in ihrem Ursprung viel älter ist.

Um die Ecke liegt Kelso, einer der hübschesten Orte der Borders oder mit Walter Scott «der schönste, wenn nicht romantischste Landort Schottlands», wo die noch alle mit Kopfstein gepflasterten Straßen in einen großen Platz münden. Ganz in der Nähe des Zentrums befindet sich die Kelso Abbey. König David I. gründete die Abtei 1128 aus der Picardie, worauf sie sich zum wohlhabendsten und größten der Grenzlandklöster entwickelte. Einen Katzensprung entfernt steht Floors Castle, ein herrliches Schloss, das erst im 18. Jahrhundert erbaut und hundert Jahre später umgestaltet wurde.

Hier sind alte Möbel aus Deutschland, Frankreich und Italien sowie Porzellan aus China und Dresden, aber auch Gemälde von Matisse bis Picasso zusammengetragen – ein schwelgerischer Luxus! Aus derselben Zeit stammt Mellerstain House, ebenfalls ganz in der Nähe, das ein Paradebeispiel georgianischer Herrschaftshäuser Schottlands darstellt – im Innern auch hier alte Möbel sowie Gemälde von Gainsborough bis van Dyck und hinter dem Gebäude ein italienischer Garten, 1909 angelegt, der bei Tanzveranstaltungen oft ein zwar unschottisches, aber vielleicht gerade deshalb besonders reizvolles Ambiente abgibt.

Unzählige Zugvögel überwintern gern im Caerlaverock Castle and Nature Reserve nahe dem Ort Dumfries, wo neben dem aus dem 13. Jahrhundert stammenden Schloss recht gut erhalten auch die Ruine der Sweetheart Abbey steht. Ihr Name rührt daher, dass die Adlige Devorguilla Balliol, die 1273 diese Zisterzienserabtei gegründet hatte, im Andenken an ihren verstorbenen Gemahl dessen Herz bis zu ihrem Tod 1290 immer mit sich trug und zusammen mit diesem auch ihre letzte Ruhe vor dem Hochaltar der Abtei fand.

Nach Dumfries zog 1791 Robert Burns. Als Zollinspektor und Steuereintreiber musste der Dichter dort den Lebensunterhalt für sich, seine Frau, seine fünf Kinder sowie für den Sohn von der «goldblonden» Kellnerin aus seinem Stammlokal verdienen, nachdem er dreimal mit dem Aufbau einer Farm gescheitert war. Seine Verse fielen ihm ein, wenn er – dienstlich unterwegs – über Land ritt. Mit ihnen verschaffte er gerade den Armen unter seinen Landsleuten ein bis dahin nicht erfahrenes Selbstbewusstsein, beispielsweise mit den folgenden Vierzeilern:

Und sitzt ihr auch beim kargen Mahl
In Zwilch und Lein und alledem;
Gönnt Schurken Samt und Goldpokal –
Ein Mann ist Mann trotz alledem!

Trotz alledem und alledem,
Trotz Prunk und Pracht und alledem!
Der brave Mann, wie dürftig auch,
Ist König doch trotz alledem!

Bild rechts
Die Jedburgh-Abbey, erbaut ab 1138

nächste Doppelseite
Romantische Stimmungen aus der Grenzregion mit der Pack Bridge (erbaut 1655, bei Stow)

übernächste Doppelseite
- **Cheviot Hills mit schottischen Wolken**
- **Gretna Green: Old-Smithy-Kneipe und beim Heiratsschmied**

Old Smithy Restaurant

Old
Blacksmiths
Shop
GRETNA GREEN
FAMOUS
FOR ITS
MARRIAGES
Old prints of
Gretna Green
romances,
Postcards,
Unique
Souvenirs.
SEE THE
RELICS OF THE
THIS IS THE WORLD FAMOUS
OLD BLACKSMITH'S SHOP
MARRIAGE ROOM
GRETNA GREEN

Die Könige und herrschenden Königinnen Schottlands

843–958	Kenneth I. MacAlpin
858–862	Donald I.
862–877	Konstantin I.
877–878	Aed (Aodh)
878–889	Eochaid (Eocha) und Giric (Ciric)
889–900	Donald II.
900–943	Konstantin II.
943–954	Malcolm I.
954–962	Indulf
962–966	Dub
966–971	Culen
971–995	Kenneth II
995–997	Konstantin III.
997–1005	Kenneth III.
1005–1034	Malcom II.
1034–1040	Duncan I.
1040–1057	Macbeth
1057–1058	Lulach
1058–1093	Malcolm III., Canmore
1093–1094	Donald Bane (Donalbane)und Duncan II.
1094–1097	Donald Bane (wieder eingesetzt)
1097–1107	Edgar
1107–1124	Alexander I.
1124–1153	David I.
1153–1165	Malcolm IV.
1165–1214	Wilhelm I., der Löwe
1214–1249	Alexander II.
1249–1286	Alexander III.
1286–1290	Margarete von Norwegen
1290–1292	Interregnum
1292–1296	John Balliol
1296–1306	Interregnum
1306–1329	Robert I., Bruce
1329–1371	David II.
1371–1390	Robert II.
1390–1406	Robert III.
1406–1437	Jakob I.
1437–1460	Jakob II.
1460–1488	Jakob III.
1488–1513	Jakob IV.
1513–1542	Jakob V.
1542–1567	Maria Stuart
1567–1625	Jakob VI./I. (ab 1603 Personalunion mit England, daher in England Jakob der Erste)
1625–1649	Karl I.
1649–1651	Karl II.
1651–1660	Commonwealth

Maria Stuarts Ende

1660–1685	Karl II. (wieder eingesetzt)
1685–1688	Jakob VII./II. (in Schottland der Siebte, in England der Zweite)
1689–1694	Wilhelm III. von Oranien zusammen mit Maria II.
1694–1702	Wilhelm III. allein
1702–1714	Anna (ab 1707 Realunion mit England)
1714–1727	Georg I.
1727–1760	Georg II.
1760–1820	Georg III.
1820–1830	Georg IV.
1830–1837	Wilhelm IV.
1837–1901	Viktoria
1901–1910	Eduard VII.
1910–1936	Georg V.
1936	Eduard VIII.
1936–1952	Georg VI.
1952 ff.	Elisabeth I./II. (in Schottland die Erste, in England die Zweite)

Geschichte vom 5. Jahrtausend vor bis zum 3. Jahrtausend nach Christus

5. Jahrtausend v.Chr.: Fischereikulturen im Gebiet des heutigen Schottland

7./6. Jahrhundert v.Chr.: Keltische Stämme siedeln in den Gebieten der heutigen Länder Großbritannien und Irland, so auch in Schottland

1. Jahrhundert n.Chr.: Die Römer nennen das keltisch bewohnte Gebiet des heutigen Schottland namens Albu oder Alban (lateinisch Albania) Kaledonien

78: Ausdehnung der römischen Besatzung Südbritanniens nach Kaledonien/Schottland, 85 wieder Rückzug

122: Mittels Wällen schützt Kaiser Hadrian seine britische Kolonie gegen die ständigen Einfälle aus dem Norden

140: Die Römer bauen einen zweiten Grenzwall gegen Kaledonien

ab 208: Erneute Feldzüge Roms gegen Kaledonien/Schottland

3.–6. Jahrhundert: Immer wieder Angriffe der schottischen Völker gegen Süden, sowohl vor wie nach dem endgültigen Abzug (407) der Römer aus Britannien

563: Der irische Mönch Columcille (Columba) reist auf die Hebriden und beginnt mit Schottlands Christianisierung

7. Jahrhundert: Schottland ist in vier Reiche zerfallen: Skoten, Pikten, Briten, Angeln

844: Um die vielen skandinavischen Plünderungseinfälle abwehren zu können, verbündet sich Skotenkönig Kenneth I. McAlpin mit den Pikten

ca. 1030: Schottlands Festlandausdehnung entspricht erstmals dem heutigen Gebiet

ab 1165: Kriegerische Grenzstreitigkeiten mit England

1174: König Wilhelm der Löwe muss Schottlands Lehensabhängigkeit vom englischen König Heinrich II. anerkennen

1237: Vertrag von York: Ende der Grenzkonflikte mit England

1266: Erwerb der Insel Man und der Hebriden

1266–1296: Dynastische Probleme mit Thronwirren führen zum Anspruch des englischen Königs auf die schottische Krone

ab 1286: Schottische Unabhängigkeitskriege

1305: Englands König Eduard I. lässt den schottischen Nationalhelden William Wallace hinrichten

1328: Friede von Northampton; Schottland wird wieder unabhängig

1472: Erwerb der dänischen Inseln Orkney und Shetland

1503: Jakob IV. (Stuart) heiratet Margarete, Tochter des englischen Tudorkönigs Heinrich VII. und begründet damit den späteren Erbanspruch der Stuarts auf Englands Krone

1542: Maria Stuart (1542–1587) wird, kaum geboren, schottische Königin, sie wird 1567 gestürzt

1559: Der schottische Kalvinist John Knox (1505–1572) beginnt 1559 in Schottland mit einer beispiellos fanatischen und mörderischen Reformation

1565: Maria Stuart heiratet ihren katholischen Vetter Lord Barnley, was zu einem Aufstand der protestantischen Lords führt

1566: Maria Stuart gebiert ihren Sohn Jakob und verständigt sich daraufhin mit den Lords

1567: Vier Monate nach der Ermordung ihres Ehemannes heiratet Maria Stuart dessen mutmaßlichen Mörder Bothwell, gegen den sich der Adel jedoch erhebt. Darauf muss Maria Stuart zugunsten ihres einjährigen Sohnes abdanken

1568: Maria Stuart flüchtet nach England und bleibt bis zu ihrer Hinrichtung Gefangene der englischen Königin Elisabeth I., ihrer Cousine

1587: Die Hinrichtung von Schottlands Exkönigin Maria Stuart im Februar ist die wohl grausigste Horrorszene in der britischen Justizgeschichte: Erst nach dem dritten Henkersbeilschlag des dilettantischen Scharfrichters fällt der Kopf vom Richtblock. Der Henker hält das Haupt an den Haaren

Schottisches Heiligtum in Stirling:
William Wallaces (1270-1305) Schwert

vor die neugierige Menge – doch die Haare sind eine Perücke, der fast kahle Kopf stürzt zu Boden

1603: Maria Stuarts Sohn Jakob (seit 1567 König von Schottland) wird auch englischer König, wie es die kinderlose Königin Elisabeth I. vor ihrem Tod bestimmt hat

1688: Sturz des katholischen Königs Jakob II., der Protestant Wilhelm III. wird König

1707: Schottland und England verbinden sich staatsrechtlich (Realunion durch Parlamentsgesetz) zu Großbritannien

1979: Ein britischer Gesetzesentwurf zur Dezentralisierung wird bei der Volksabstimmung in Schottland (und Wales) verworfen

1997: In einer Volksabstimmung wird in Schottland das Devolutionsgesetz angenommen, das Schottland ein eigenes Parlament mit weitgehenden Autonomierechten innerhalb Großbritanniens gibt

1999: Erstmals Wahlen zum schottischen Parlament

2000: Im Oktober stirbt der erste schottische Regierungschef, First Minister Donald Dewar. Nachfolger ist Henry McLeish

Bilder rechts

Berühmte und berüchtigte Schotten (von links nach rechts): König Robert the Bruce (1274-1329), Reformationsfanatiker John Knox (1505-72), Dichter Walter Scott (1771-1832), Dichter Robert Burns (1759-96)

nächste Doppelseite

Schottische Bauten: Culzean Castle in Ayr; Scottish Mining Museum in Wanlockhead; Oban: MacCaig's Folly (MacCaigs Torheit) soll eine Nachbildung des Kolosseums sein

BURNS

TENNENTS

REGENT
HOTEL
ARGYLL HOTEL
COLUMBA HOTEL
COLUMBA
HOTEL
P273
P273

Schottland
0 20 40 60 80 100 km
Shetland Inseln, 75 km
SHETLAND
Unst
Fetlar
Yell
Whalsay
Mainland
Bressay
Foula
Lerwick
Mousa Broch
Jarlshof
Fair Isle
ORKNEY
Westray
North Ronaldsay
Westray Firth
Rousay
Sanday
Mainland
Ring of Brodgar
Stronsay
Skara Brae
St. Magnus Cathedral
Stromness
Kirkwall
Scapa Flow
Hoy
South Ronaldsay
Pentland Firth
Duncansby Head
WESTERN ISLES
Butt of Lewis
Cape Wrath
Durness
Thurso
Wick
Ben Hope
927
Lewis
Stornoway
Stones of Callanish
Nordminch
Ardvreck Castle
998
Ben More Assynt
Loch Shin
Helmsdale
Dunrobin Castle
799
Clisham
Tarbert
Ullapool
Dornoch
Dornoch Firth
Tain
Äußere Hebriden
Sound of Harris
Harris
High-
lands
North Uist
Quiraing
Loch Maree
Kleiner Minch
Uig
Dunvegan Castle
Inner Sound
HIGHLAND
Moray Firth
Elgin
Elgin Cathedral
Crovie
Kinnaird Head
Fraserburgh
Peterhead
Benbecula
Naist Point
Portree
Inverness
GRAMPIAN
Urquhart Castle
Kyle of Lochalsh
South Uist
Cuillin Hills
993
Skye
Eilean Donan Castle
Great Glen
Loch Ness
Spey
Don
Craigievar Castle
Aberdeen
1309
Ben Macdhui
Dee
Kaledonischer Kanal
Sound of Sleat
Malaig
Barra
Rhum
Balmoral Castle
Dunnottar Castle
Eigg
Fort William
1343
Ben Nevis
Loch Ericht
Blair Castle
Grampian Mountains
Montrose
Nord-
see
Coll
Glamis Castle
Forfar
Innere Hebriden
Tobermory
Duart Castle
Kilchurn Castle
TAYSIDE
Dundee
Tiree
Craignure
1214
Ben Lawers
Loch Tay
Tay
Staffa
967
Ben More
Mull
Oban
Glen Coe
Scone Palace
Firth of Tay
Perth
St. Andrews Cathedral
St. Andrews
Iona
Firth of Lorn
Loch Awe
CENTRAL
FIFE
Fife Ness
Crail
Atlantik
Loch Lomond
Kirkcaldy
Colonsay
Jura
Stirling
Dunfermline
Stirling Castle
Firth of Forth
Falkirk
Greenock
Edinburgh
Sound of Jura
Glasgow
Islay
Paisley
Motherwell
LOTHIAN
East Kilbride
Hamilton
Tweed
Rhinns Point
Irvine
STRATHCLYDE
Galashiels
Floors Castle
Kilmarnock
Kelso
Brodick
Kintyre
Clyde
Melrose Abbey
Arran
Prestwick
Jedburgh Abbey
Hawick
Firth of Clyde
Ayr
Nith
Southern Uplands
BORDERS
Campbeltown
Culzean Castle
Mull of Kintyre
Drumlanrig Castle
843
Merrick
Dumfries
Caerlaverock Castle
Hadrianswall
Nordkanal
DUMFRIES AND GALLOWAY
Gretna
Gretna Green
Stranraer
Sweetheart Abbey
Solway Firth
Nord-
irland
England
© KARTOGRAPHIE Peh & Schefcik, Eppelheim

Orts- und Namenregister

(kursive Seitenzahlen = Abbildungen)

terra magica – DIE SCHÖNSTEN SEITEN DER WELT

Max Schmid und Rainer Höh
ALASKA
208 Seiten mit 166 Farbfotos,
73 doppelseitige Farbtafeln,
farbige Karte
Spektrumformat
ISBN 3-7243-0339-4

Max Schmid / Udo Sautter
USA
240 Seiten mit 160 Farbfotos,
48 s/w-Abb.,Karte,
ISBN 3-7243-0330-0

Johann A. Cropp
MAROKKO
176 Seiten mit 154 Farbfotos,
Karte,
ISBN 3-7243-0338-6

Max Schmid /
Josef Schweikhardt
DIE ALPEN
208 Seiten mit 161 Farbfotos,
davon 62 doppelseitige Farb-
tafeln, farbige Karte
Spektrumformat
ISBN 3-7243-0354-8

Georg Brunion und Rainer Höh
CANADA
208 Seiten mit 180 Farbfotos,
62 doppelseitige Farbtafeln,
farbige Karte
Spektrumformat
ISBN 3-7243-0357-2

Christian Prager /
Kristine Jaath
DEUTSCHLAND
208 Seiten mit 194 Farbfotos,
59 doppelseitige Farbtafeln,
farbige Karte
Spektrumformat
ISBN 3-7243-0358-0

Sabine Berger /
Annaliese Wulf
THAILAND
200 Seiten mit 166 Farbfotos,
43 s/w-Abb.,Karte,
ISBN 3-7243-0327-0

Kenneth McKenney /
div. Fotografen
MEXIKO
288 Seiten mit 283 Farbfotos,
17 s/w-Abb.,
ISBN 3-7243-0301-7

Cathleen Naundorf /
R. Marggraf
BRASILIEN
200 Seiten mit 166 Farbfotos,
29 s/w-Abb., Karte,
ISBN 3-7243-0321-1

Rainer Höh /
Eva und Florentine Steffan
NEW YORK
144 Seiten mit 131 Farbfotos
ISBN 3-7243-0340-8

Klaus Beer
ROUTE 66
mit DVD-Film 92 Min.,
144 Seiten mit 130 Farbfotos
ISBN 3-7243-0362-9

Christian Prager /
H.-P. Stoffel
NEUSEELAND
200 Seiten mit 162 Farb-
fotos, 37 s/w-Abb.,Karte,
ISBN 3-7243-0328-9

Max Schmid / Rainer Höh
CANYONLANDS
Arizona · Colorado · New
Mexico · Utah
192 Seiten mit 136 Farbfotos,
davon 38 doppelseitige Farbtafeln,
farbige Karte
ISBN 3-7243-0351-3

Elke und Dieter Losskarn
SÜDAFRIKA
208 Seiten mit 195 Farbfotos,
über 60 doppelseitige Farbtafeln,
farbige Karte
Spektrumformat
ISBN 3-7243-0359-0

Max Schmid / Beate Gorman
AUSTRALIEN
208 Seiten mit über 160 Farb-
fotos, davon 64 doppelseitige
Farbtafeln, farbige Karte
Spektrumformat
ISBN 3-7243-0360-2

Elke und Dieter Losskarn
NAMIBIA
216 Seiten mit 191 Farbfotos,
davon 66 doppelseitige Farbtafeln,
farbige Karte,
Spektrumformat
ISBN 3-7243-0337-8

Udo Heß
NORWEGEN
200 Seiten mit 124 Farb-
fotos, 45 s/w-Abb.,Karte,
ISBN 3-7243-0329-7

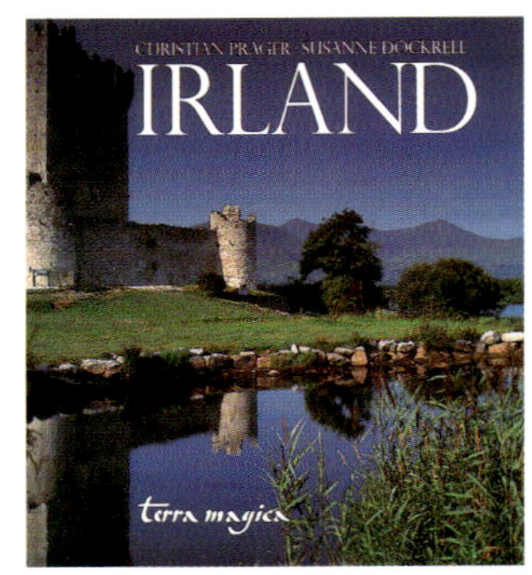

Christian Prager /
Susanne Dockrell
IRLAND
216 Seiten mit 131 Farbfotos
(viele doppelseitige Farbtafeln),
farbige Karte,
Spektrumformat
ISBN 3-7243-0324-6

Dennis Gunton / Janez Skok
HIMALAYA
Tibet, Bhutan, Ladakh, Nepal,
Sikkim, Nordindien, Kaschmir
288 Seiten mit 230 Farbfotos,
11 s/w-Abb., Karten,
ISBN 3-7243-0317-3

Verlangen Sie ausdrücklich terra magica!
In jeder Buchhandlung.

Bagpiper Roman Kaeslin alias MacAlpin – Gründer der ersten Dudelsackband in den deutschsprachigen Ländern nach dem 2. Weltkrieg – vor dem dem Unique Royal Car, der Staatskarosse von Queen Mary (1867-1953). Mary war Gemahlin von King George V. (König 1910-36) und Großmutter von Queen Elizabeth.

Steckhülle bitte vorsichtig öffnen, damit die bespielte Hinterseite der CD nicht zerkratzt wird.

Am besten Brieföffner so einführen, dass er nur die bedruckte Vorderseite berührt.